"新时代新思想标识性概念"丛书编委会

— 新时代新思想标识性概念丛书 —

中国社会科学院马克思主义理论创新智库

走向共同富裕

刘志昌◎著

人民日报出版社
北 京

图书在版编目（CIP）数据

走向共同富裕 / 刘志昌著 . -- 北京：人民日报出版社 , 2024.8. -- ISBN 978-7-5115-8341-3

Ⅰ . F124.7

中国国家版本馆 CIP 数据核字第 2024VJ9910 号

书　　名：走向共同富裕
　　　　　ZOUXIANG GONGTONG FUYU
作　　者：刘志昌

出 版 人：刘华新
策 划 人：欧阳辉
责任编辑：周海燕　孙　祺
装帧设计：元泰书装

出版发行：人民日报出版社
社　　址：北京金台西路 2 号
邮政编码：100733
发行热线：（010）65369509　65369512　65363531　65363528
邮购热线：（010）65369530　65363527
编辑热线：（010）65369518
网　　址：www.peopledailypress.com
经　　销：新华书店
印　　刷：大厂回族自治县彩虹印刷有限公司
法律顾问：北京科宇律师事务所　　（010）83622312

开　　本：710mm×1000mm　1/16
字　　数：180 千字
印　　张：13.75
版　　次：2024 年 9 月第 1 版
印　　次：2024 年 9 月第 1 次印刷

书　　号：ISBN 978-7-5115-8341-3
定　　价：48.00 元

前　言

　　习近平总书记在哲学社会科学工作座谈会上的重要讲话中，对我国哲学社会科学发展状况进行分析时明确指出："我国是哲学社会科学大国，研究队伍、论文数量、政府投入等在世界上都是排在前面的，但目前在学术命题、学术思想、学术观点、学术标准、学术话语上的能力和水平同我国综合国力和国际地位还不太相称。"同时强调，要着力构建中国特色哲学社会科学。构建中国特色哲学社会科学，基础在建构学科体系、学术体系、话语体系，关键在构建话语体系，核心在提炼标识性概念和范畴。只有从中国革命、建设、改革的伟大实践中提炼出标识性概念和范畴，才能形成自己的话语和话语体系；只有构建了一套系统科学的话语体系，才能建构好相应的学科体系与学术体系；只有建构好了学科体系、学术体系、话语体系，才能构建好体现中国特色、中国风格、中国气派的中国特色哲学社会科学。

　　概念与学科建构、理论发展之间密切相关，犹如细胞与生命一样的关系。标识性概念的缺乏或不成体系，科学理论难以形成，学科体系也无从建设。标识性概念既是中国特色哲学社会科学发展的基础，更是我们党的理论成熟的标志。概念在实践中的指向越具体，它所支撑起来的理论大厦就越具有彻底性，理论就越有解释力。马克思主义认识论认为，一个成熟概念的提出是理论创新从抽象到具体的必经阶段。也就是说，理论创新首先要提炼概念或概念创新。只有当不断提炼的概念得到认识与认可，它才有生命力，进而才能使理论明晰而实现逻辑化、系统化和科学化。

虽说我们在解读中国实践、构建中国理论上最有发言权，但因我们能得到国内外认同的标识性概念和范畴还有所缺失且不成体系，致使我国哲学社会科学在国际上的声音还比较小，还处于有理说不出、说了传不开的境地。要善于提炼标识性概念，打造易于为国际社会所理解和接受的新概念、新范畴、新表述，这是构建我们的话语体系乃至学科体系和学术体系的当务之急。

我们党在革命、建设、改革取得辉煌成就的伟大实践中，依循着人类社会发展规律，顺应着时代特征，充分发挥创新能力，在理论上相继创立了毛泽东思想、邓小平理论，形成了"三个代表"重要思想、科学发展观，同时提炼出许多支撑这些理论的标识性概念。进入新时代，习近平同志对关系新时代党和国家事业发展的一系列重大理论和实践问题进行了深邃思考和科学判断，就新时代坚持和发展什么样的中国特色社会主义、怎样坚持和发展中国特色社会主义，建设什么样的社会主义现代化强国、怎样建设社会主义现代化强国，建设什么样的长期执政的马克思主义政党、怎样建设长期执政的马克思主义政党等重大时代课题，提出一系列原创性的治国理政新理念新思想新战略，是习近平新时代中国特色社会主义思想的主要创立者。党的十八大以来提出了许多新的符合时代特征的标识性概念，这些概念因其科学性不仅成为习近平新时代中国特色社会主义思想这一理论大厦的坚实的奠基石，而且越来越得到国内乃至国际社会的普遍认同。比如，2016 年 5 月，习近平总书记在哲学社会科学工作座谈会上的重要讲话中指出：推进国家治理体系和治理能力现代化，发展社会主义市场经济，发展社会主义民主政治，发展社会主义协商民主，建设中国特色社会主义法治体系，发展社会主义先进文化，培育和践行社会主义核心价值观，建设社会主义和谐社会，建设生态文明，构建开放型经济新体制，实施总体国家安全观，建设人类命运共同体，推进“一带一路”建设，坚持正确义利观，加强党的执政能力建设，坚持走中国特色强军之路、实现党在新形势下的强军目标，等等，都是我们提出的具有原创性、时代性的概念和理论。

党的二十大报告指出，十八大以来，我们党勇于进行理论探索和创新，以全新的视野深化对共产党执政规律、社会主义建设规律、人类社会发展规律的认识，取得重大理论创新成果。中国社会科学院马克思主义理论创新智库，从党的十八大以来党的创新理论中提取部分重要的核心的标识性概念进行理论和学术上的解读，形成"新时代新思想标识性概念"研究系列丛书。在选择概念和进行解读时，遵循了以下几个基本要求：一是既要体现学术性，也要体现政治性，要做到政治性与学术性有机结合。二是既要体现理论价值，也要体现实践价值。这些概念是从实践中抽象提炼升华出来的，具有重大实践价值和理论价值；同时，这些概念又对推进实践具有指导性价值。三是既要体现"中国特色"，也要吸收外来有益的经验与理论。四是既要立足中国，也要放眼世界。五是既要坚持马克思主义，也要体现中国优秀传统文化，做到二者有机结合。

本智库与人民日报出版社合作出版"新时代新思想标识性概念丛书"，希望本套丛书有助于广大党员干部学习和领会习近平新时代中国特色社会主义思想。

中国社会科学院马克思主义理论创新智库　编委会

目　录

导　论

　　人类社会发展史是人类与贫穷作斗争的历史，也是人类摆脱贫穷、走向共同富裕的历史。人类社会产生私有制并进入阶级社会以来，人们在反抗统治阶级剥削和压迫的过程中，逐步提出建立没有压迫和剥削、和平安宁、和谐富足的理想社会的美好设想。

　　从中国历史看，中国历代封建王朝更替的历史，是社会从贫富两极分化到社会财富相对均等更替的历史。在两千多年的中国封建社会，一个王朝走向覆灭之时，也是社会贫富差距极端化之时：封建地主阶级财富极度膨胀，贫苦百姓普遍贫穷，食不果腹，衣不蔽体，民不聊生，遇到灾害或饥荒时，甚至尸横遍野。唐朝诗人杜甫的名句"朱门酒肉臭，路有冻死骨"，正是对这种贫富两极分化社会的生动写照。从世界历史看，国外王朝更替的历史，也是社会从贫富两极分化到社会财富相对均等更替的历史。

　　中国早在春秋战国时期，即产生了大同、小康等关于理想社会的构想。此后，一些政治家、思想家、文学家等提出了关于理想社会的构想。同时，中国历史上的农民起义以革命口号、主张和纲领的形式，提出了反映农民阶级的理想社会的构想。历史上出现的朴素的共同富裕思想，对中国社会的发展产生了深远的影响，也种下了追求共同富裕理想社会的思想种子。

欧洲资本主义的诞生，使生产力得到很大发展，物质财富迅速增长，却给早期的无产者带来了血与火的灾难。正是看到了资本主义制度的各种弊端，最早进入资本主义社会的欧洲诞生了一批空想社会主义思想家，他们都提出了关于社会变革的美好设想。尽管其关于社会主义的设想由于没有找到实现社会变革的有效途径而流于空想，但这些关于社会主义的设想却成为科学社会主义的直接思想来源。

马克思主义创始人创立了历史唯物主义，建立了剩余价值学说，为社会主义从空想变为科学奠定了理论基础。马克思、恩格斯在批判地继承和吸收人类关于自然科学、思维科学、社会科学的优秀成果，特别是德国古典哲学，英国古典政治经济学和英国、法国空想社会主义的基础上，创立了马克思主义理论体系。

马克思主义揭示了人类社会发展规律，揭露了资本主义的剥削实质及其产生、发展和灭亡的规律，揭示了人类社会最终将走向共产主义社会。马克思主义经典作家提出关于未来社会的设想，阐述了共同富裕思想，揭示了共同富裕的历史逻辑，阐明了共同富裕的理论逻辑。马克思主义经典作家关于共同富裕的思想为人类社会走向共同富裕提供了理论指南。

当今世界，收入不平等是个全球性问题和世界性难题。一方面，人类创造的财富足以让每个人过上富足体面的生活；另一方面，由于财富的占有和分配机制等方面的问题，2021年全球有8.28亿人受饥饿影响。①2023年，全世界近7亿人每天的生活费不足2.15美元，六分之一的儿童生活在极端贫困之中。②收入不平等这一全球性难题在美国表现得更为典型。一方面，美国是资本主义发达国家的典型代表，美国国内生产总值占全球经济总量的比重高达四分之一；另一方面，面对收入不平等问题，美国却作为有限，美国国内的收入不平等状况难以改善。

共同富裕是人类社会的美好理想。相对于改善收入不平等状况，实现共同富裕无疑是更为艰巨而宏大的社会发展目标。以马克思主义为指导思想的中国共产党，自成立就担负起为人民谋幸福、为民族谋复兴、为世界谋大同的历史使命，始终坚持社会主义的发展方向和共同富裕的发展目标，积极探索共同富裕的中国道路。

中国共产党人继承和发展马克思主义经典作家关于共同富裕的思想，提出了关于共同富裕的一系列思想主张，初步形成了较为完

①数据来源：世界粮食计划署等五家联合国机构共同发布的2022年《世界粮食安全和营养状况》报告。

②数据来源：联合国网站，网址：https://www.un.org/zh/global-issues/ending-poverty。

整的社会主义初级阶段的共同富裕思想，既丰富和发展了马克思主义经典作家的共同富裕思想，又为中国推进共同富裕提供了理论指引。

在探索和推进共同富裕的中国道路的实践中，社会主义革命和建设时期，中国共产党团结带领全国人民开展土地改革，推进社会主义革命、建立社会主义制度。改革开放和社会主义现代化建设新时期，中国共产党吸取前一时期探索共同富裕道路的经验和教训，在共同富裕的基本路径上，提出并确立了"先富带后富，逐步实现共同富裕"的共同富裕道路；在共同富裕的战略安排上，提出并形成了分步走，逐步实现共同富裕的战略安排；在共同富裕的战略举措上，提出并形成了区域协调发展、城乡协调发展的战略举措；在共同富裕的分配机制上，调整并确立了以兼顾效率和公平为分配原则的共同富裕分配机制。

党的十八大以来，中国特色社会主义进入新时代。以习近平同志为核心的党中央，不忘初心、牢记使命，坚持以人民为中心的发展思想，立足我国发展新的历史方位，把逐步实现全体人民共同富裕摆在更加重要位置，扎实推进共同富裕，对共同富裕道路作了新的探索，对共同富裕理论作了新的阐释，对共同富裕目标作了新的部署，深化了对社会主义共同富裕规律的认识，为新时代实现全体人民共同富裕提供了理论指导和根本遵循。

新时代扎实推进共同富裕，必须深入学习贯彻习近平总书记关于共同富裕重要论述，必须坚持以人民为中心的发展思想，把促进全体人民共同富裕作为为人民谋幸福的着力点，在高质量发展中促进共同富裕；必须按照共同富裕的"三步走"安排，脚踏实地，久久为功，朝着共同富裕目标稳步前进。"一件事情接着一件事情办，一年接着一年干"，就一定能够不断推动全体人民共同富裕取得更为明显的实质性进展。

第一章
共同富裕：人类社会的美好理想

　　共同富裕是人类社会的美好愿景，也是人类孜孜以求的美好理想。中国历史上的大同思想、小康思想等关于理想社会的构想，饱含着中国人民对共同富裕的渴望和向往。诞生于西方资本主义社会的空想社会主义思想，进一步为人们描绘了共同富裕理想社会的美好蓝图。

第一节　中国古代近代历史上的共同富裕思想

　　中国历史上的共同富裕思想主要体现在关于理想社会的构想中，其发展脉络主要有两条主线：一是中国历史上政治家、思想家、文学家等提出的理想社会构想；二是中国历史上农民起义提出的革命口号、主张和纲领，反映了农民阶级关于理想社会的构想。

　　随着人类社会从原始社会走向奴隶社会，伴随着私有制的产生，也就产生了阶级以及阶级剥削和阶级压迫。列宁指出："剥削的存在，永远会在被剥削者本身和个别'知识分子'代表中间产生一些对抗这一制度的思想。"[1]自中国进入奴隶社会和封建社会，人们就逐渐产生了追求没有剥削、没有压迫、共同富裕的理想社会的思想。春秋战国和秦汉时期，是中国奴隶制度瓦解、封建制度形成的时期，

---

[1]《列宁全集》（第1卷），人民出版社2013年版，第377页。

是中国从战乱走向和平、从分裂走向大一统的历史时期，也是文化和学术思想繁荣发展的重要历史时期。这一时期，儒家提出了大同和小康的理想社会构想，道家、农家、墨家也提出了关于理想社会的构想。

一、大同社会理想

春秋到秦汉时期，中国逐渐产生了大同社会理想。

（一）大同的含义

在中国传统文化中，"大同"主要有四个方面的含义。

一是指天地万物与人合而为一。《吕氏春秋·有始览》载："天地万物，一人之身也，此之谓大同。"意思是说，天地万物，如同一个人的身体，这就叫作高度同一。《庄子·在宥》载："颂论形躯，合乎大同，大同而无己。"郭象注："其形容与天地无异。"成玄英疏："圣人盛德躯貌，与二仪大道合同，外不窥乎宇宙，内不有其己身也。"这里的"大同"是指天地万物为统一整体的意思。

二是指一种理想社会。《礼记·礼运》载："孔子曰：大道之行也，与三代之英，丘未之逮也，而有志焉。大道之行也，天下为公，选贤与能，讲信修睦，故人不独亲其亲，不独子其子，使老有所终，壮有所用，幼有所长，矜寡孤独废疾者皆有所养。男有分，女有归。

货恶其弃于地也，不必藏于己；力恶其不出于身也，不必为己。是故谋闭而不兴，盗窃乱贼而不作，故外户而不闭，是谓大同。"这里的"大同"，是对理想社会的描述，是一种社会理想，是古代儒家思想所宣扬的人类理想社会的最高境界。

三是指国家统一。《颜氏家训·风操》载："今日天下大同，须为百代典式，岂得尚作关中旧意？"王利器集解："此当隋时而言，隋统一天下，结束南北对峙局面，故云'大同'。"这里的"大同"是指国家统一的意思。

四是指大体相同。《汉书·西域传上》载："自宛以西至安息国，虽颇异言，然大同，自相晓知也。"这里的"大同"是指大体相同的意思。

在中国传统文化中，"大同"更多的是指一种理想社会。在现代汉语词典中，"大同"是指我国历史上某些思想家的一种理想，指人人平等、自由的社会景象。[①]因此，大同思想即关于人类理想社会的设想和构想。

（二）大同社会的特征

《礼记·礼运》系统地提出了大同思想即理想社会的构想。《礼运》中描述的大同社会具有如下特征：一是天下为公，权力为公，

---

① 中国社会科学院语言研究所词典编辑室：《现代汉语词典》，商务印书馆2021年版，第245页。

财产公有，选贤举能来治理国家和地方公共事务，天下为人们所共有共享共治，"大道之行也，天下为公"。二是选贤举能来治理国家和地方公共事务，"选贤与能"，推选的标准是以人的道德修养和管理能力为依据，选贤举能的原则是"不恤亲疏，不恤贵贱，唯诚能之求"①。因为"举直错诸枉，则民服；举枉错诸直，则民不服。"②三是人们讲求诚信，和睦相处，互助互爱，"讲信修睦"是人际关系应当遵循的基本原则和道德操守，人们具有关心关爱他人和社会的公心公德，"人不独亲其亲，不独子其子"。四是人们各司其职，各得其所，老年人能终其天年，壮年人能为社会效力，年幼的孩子能健康成长，"老有所终，壮有所用，幼有所长"，人人为社会发展贡献力量。五是社会救助和保障体系健全，老而无妻的人、老而无夫的人、幼而无父的人、老而无子的人、残疾人都能得到社会的供养，"矜寡孤独废疾者皆有所养"。六是人尽其才、物尽其用，男子有职业，女子有归宿，对于财货，人们憎恨把它扔在地上的行为，却不一定要自己私藏，人们愿意为公众之事竭尽全力，而不一定为自己谋私利，"男有分，女有归。货恶其弃于地也，不必藏于己；力恶其不出于身也，不必为己"。七是社会风气良好，社会安定，在这样

---

① 《荀子·王霸》。
② 出自《论语·为政》，意思是推选任用贤明正直的人，将其置于品行作风不正的人之上，就会使民众信服，还会产生良好的导向作用；推选任用品行作风不正的人，置于贤明正直的人之上，民众就不会信服。

的美好社会，阴谋诡计不会发生，盗窃捣乱的现象也不会发生，大门都不用锁上了，"是故谋闭而不兴，盗窃乱贼而不作，故外户而不闭"。

中国传统文化中描绘的大同社会是一个天下为公的理想社会，权力为公，选贤举能治理社会；财产公有，物尽其用；人人劳动，自食其力，人尽其才；人们互相关爱，社会保障健全，人人享有基本的生活保障。也就是说，物质财富为人们所共有共享。同时，在天下为公的根本制度下，人人劳动，自食其力，人尽其才；人们讲求诚信，和睦相处，社会风气良好，社会安定，世界和平，人们具有积极向上的精神风貌和良好的社会公德，体现了人们精神世界的富裕程度和水平。因而可以说，大同社会实际上内含并体现了共同富裕的基本要求，体现了共同富裕的基本特征，是包含物质富裕和精神富裕的共同富裕。

大同社会思想蕴含着共同富裕思想的基本要素。从基本目标来说，过上温饱的生活是人们普遍追求的生活目标，这也可以理解为人们对共同富裕目标的追求，只不过是相对低层次的共同富裕。从制度保障来说，天下为公是国家和社会体制遵循的基本原则和价值导向；权力为公、选贤举能是其政治制度保障；财产公有是其经济制度保障；物尽其用、人尽其才、人人享有基本生活保障是其社会制度保障。从实施路径来说，人人劳动、自食其力、人尽其才、物尽其用是实现共同富裕的具体路径。人们互相关爱、讲求诚信、和睦相处是社会成员的相处之道，是社会成员的行为规范，也是美好的社会风貌和社会生活状态。

二、小康社会理想

春秋到秦汉时期，中国产生了小康社会理想。

（一）小康的含义

在中国传统文化中，"小康"主要有两个方面的含义。

一是指一种生活水平和状态。小康一词最早出现在《诗经·大雅·民劳》中："民亦劳止，汔可小康。惠此中国，以绥四方。"意思是说：人民实在太劳苦了，应该得到康乐和安居的生活。爱护京城老百姓，安抚诸侯定四方。这里的"小康"是指生活水平和状态。

二是指一种理想社会。《礼记·礼运》系统阐述了小康理想社会。《礼记·礼运》载："今大道既隐，天下为家，各亲其亲，各子其子，货力为己，大人世及以为礼，城郭沟池以为固，礼义以为纪，以正君臣，以笃父子，以睦兄弟，以和夫妇，以设制度，以立田里，以贤勇知，以功为己，故谋用是作，而兵由此起。禹、汤、文、武、成王、周公，由此其选也。此六君子者，未有不谨于礼者也。以著其义，以考其信，著有过，刑仁讲让，示民有常。如有不由此者，在势者去，众以为殃，是谓小康。"这里的"小康"是对理想社会的描述。

小康是人们对于丰衣足食生活的向往。作为一种生活水平和状态，孟子提出了当时历史条件下的小康生活标准，提出实行井田制，为百姓置恒产，使之安居乐业。孟子提出的小康标准是："五亩之宅，树之以桑，五一者可以衣帛矣；鸡豚狗彘之畜，无失其时，七十者可以食肉矣；百亩之田，勿夺其时，数口之家可以无饥矣。"① 这在当时是较为理想的小康生活水平，但实际上只是温饱型的小康生活。

在中国传统文化中，"小康"更多的是指一种生活水平和状态。在现代汉语词典中，小康是指人们所享有的介于温饱和富裕之间的比较殷实的生活水平，是指家庭经济状况可以维持中等生活水平。

（二）小康社会的特征

小康社会具有如下主要特征：一是天下为家，权力和财产私有。政治上，实行"家天下"的体制，国家权力为皇室家族所有，君主大夫世代相传。《礼记·礼运》中描述的"大人世及以为礼"，明确了君主世袭的礼制。经济上，财产私有。在权力和财产私有的情况

①《孟子·梁惠王上》。

下，人们"各亲其亲，各子其子，货力为己"。二是以礼义规范人们的行为道德。"礼义以为纪，以正君臣，以笃父子，以睦兄弟，以和夫妇，以设制度，以立田里，以贤勇知，以功为己。"在儒家看来，小康社会是一个靠礼义维持秩序、保障正义的比较美好的礼治社会。[①]

（三）小康社会与大同社会的差别

在中国传统文化中，小康作为一种理想社会，是与大同社会理想相伴而生的，二者可以说是中国古代历史哲学中的并蒂莲[②]。《礼记·礼运》系统地阐述了大同理想社会和小康理想社会。如果说大同社会是人类的理想社会，那么小康社会则是大同社会的次优社会，是实现大同社会这一理想社会的过渡社会模式，是由于现实条件所限，退而求其次的一种现实追求。《礼记·礼运》以"是谓大同"总结了大同思想后，文意一转，以"今大道既隐，天下为家"，引出了对小康社会的描述。康有为认为："孔子生据乱世，而志则常在太平世。必进化至大同，乃孚素志。至不得已，亦为小康。"

此外，大同社会与小康社会的区别还有：从权力和财产所有制属性来看，大同社会是天下为公的社会，权力和财产公有，而小康

---

① 王兰坤：《从传统小康社会思想到全面建设小康社会理论》，《学习论坛》2003 年第 5 期。
② 程平：《"大同""小康"与全面建设小康社会——"小康"思想探源及其当代意蕴》，《合肥学院学报》（社会科学版）2015 年第 2 期。

社会是天下为家的社会，权力和财产私有。从国家和社会治理体制来看，大同社会是选贤与能的体制，选贤与能治理国家和社会；小康社会本质上是家天下的体制，君主大夫世代相传。从社会道德来看，大同社会人人为公，敬老爱幼，各尽其力，十分珍惜社会财富，憎恶一切浪费现象，反对任何自私自利的行为，社会救助和保障体系健全；而小康社会人人为己，各亲其亲，各子其子，货为己藏，力为己出。从社会行为规范和人际关系来看，大同社会讲求诚信以和睦相处，小康社会讲求礼义以规范社会秩序。从社会风气和社会安全来看，大同社会的社会风气良好，社会安定，"谋闭而不兴，盗窃乱贼而不作"，"外户而不闭"；小康社会"谋用是作，而兵由此起"。

大同社会反映了人们对平等生活与和谐状态的怀念和向往，小康社会是建立在小生产、小农经济和私有制基础上的封建世袭社会，但仍然是生活稳定、治理有方、国泰民安的次优社会。[①] 小康社会在天下为家即权力和财产私有的总原则下，社会现象大多与大同社会相反。由于世袭权力的需要产生了礼义，同时，礼义又是权力世袭社会的纲纪，用以规范一切行为道德。[②] 也就是说，小康社会的礼义本质上是为世袭的王权服务的，礼义依附于权力。

---

① 赵曜：《小康社会思想的形成与发展》，《红旗文稿》2010 年第 11 期。
② 任俊华：《儒家大同、小康思想与〈周易〉的渊缘关系》，《岭南学刊》2001 年第 2 期。

《礼记·礼运》对大同社会的描述与孔子在《论语》中提出的"老者安之，朋友信之，少者怀之"和"均无贫、和无寡、安无倾"的社会理想是一致的。大同思想和小康思想反映了儒家批判现实和崇尚先古的政治观点。大同思想是儒家关于理想社会构想的代表，儒家提出大同社会理想后，从小康社会走向大同社会，成为中国历代仁人志士追求的社会理想。

在追求和实现小康理想社会的目标过程中，大同社会的构想和理念仍然具有重要的价值指引作用。权力为公，选贤任能，人人劳动，自食其力，扶助照顾弱者，都在倡导和强化着大同社会的价值追求。孟子曾说："老而无妻曰鳏，老而无夫曰寡，老而无子曰独，幼而无父曰孤。此四者，天下之穷民而无告者，文王发政施仁，必先斯四者。"[1]君主等统治阶级，应当施行仁政，与民生息，应当崇礼重信，率先垂范。孔子指出："上好礼，则民莫敢不敬；上好义，则民莫敢不服；上好信，则民莫敢不用情。"[2]孟子也指出："君仁，莫不仁；君义，莫不义；君正，莫不正。"[3]

[1]《孟子·梁惠王下》。
[2]《论语·子路》。
[3]《孟子·离娄上》。

三、其他理想社会构想

春秋到秦汉时期，道家提出了"小国寡民"主张，农家提出了"并耕而食"主张，墨家提出了"兼相爱交相利"主张，反映了道家、农家、墨家关于理想社会的构想。

道家的理想社会主要体现在老子"小国寡民"的构想中。在这样的社会，没有战争，"虽有甲兵，无所陈之"，人们依靠简单原始的生产劳作，过着无欲、幸福、安宁的生活，"甘其食，美其服，安其居，乐其俗"。老子的理想社会构想主张社会退回到"小国寡民"时代，"使有什伯之器而不用；使民重死而不远徙"，"使民复结绳而用之"，"邻国相望，鸡犬之声相闻，民至老死，不相往来"。[①] 这种理想社会实质上是主张倒退到封闭落后的生产生活状态。

农家的理想社会主要体现在农家学派代表人物许行的"并耕而食"构想中。在这样的社会，国君也要"与民并耕而食"，生产者除了耕种，还从事织席、捆履等副业，商品交换"市贾不贰，国中无伪"。[②] 农家的理想社会是一个人人劳动生产，自食其力，没有剥削、压迫，没有商业欺诈与掠夺的美好社会。这种理想社会反映了小农阶层的诉求和愿望，是对小农生产者落后的生产和生活方式的

---

① 《老子》第八十章。
② 《孟子·滕文公》。

理想化。①

　　墨家的理想社会主要体现在墨子的"兼相爱交相利"构想中。墨家认为"天下兼相爱则治，交相恶则乱"，"视人之国若视其国，视人之家若视其家，视人之身若视其身。是故诸侯相爱则不野战，家主相爱则不相篡，人与人相爱则不相贼，君臣相爱则惠忠，父子相爱则慈孝，兄弟相爱则和调"。②墨子主张人人劳动，"赖其力者生，不赖其力者不生"③。墨子主张贤人要"兴天下之利，除天下之害"，为贤之道，"有力者疾以助人，有财者勉以分人，有道者劝以教人。若此，则饥者得食，寒者得衣，乱者得治"。④墨家的理想社会，国家和平，人们互爱，强不凌弱，富不侮贫，贵不傲贱。墨家的兼爱理想，超越了国家、阶级、等级和亲疏，在阶级社会里是不可能实现的。毛泽东同志指出："至于所谓'人类之爱'，自从人类分化成为阶级以后，就没有过这种统一的爱。过去的一切统治阶级喜欢提倡这个东西，许多所谓圣人贤人也喜欢提倡这个东西，但是无论谁都没有真正实行过，因为它在阶级社会里是不可能实行的。"⑤

---

① 裴艳：《中国历史上的大同思想》，东北财经大学硕士学位论文，2004年，第3页。
② 《墨子·兼爱》。
③ 《墨子·非乐》。
④ 《墨子·尚贤》。
⑤ 《毛泽东选集》（第3卷），人民出版社1991年版，第871页。

四、理想社会构想的发展

春秋战国时期关于理想社会的构想，对后世有着很大影响。相对来说，早期儒家大同思想对后世的影响更为深远，曾被誉为中国古代的"社会主义思想"。天下大同成为中国历代仁人志士向往和追求的社会理想。

东汉时期成书的道家经典《太平经》，与儒家大同思想一脉相承。首先，《太平经》主张财富为社会公有，"此财物乃天地中和所有，以共养人也"，"或积财亿万，不肯救穷周急，使人饥寒而死，罪不除也"。[①] 其次，《太平经》主张人人劳动，自食其力，"天生人，幸使其人人自有筋力，可以自衣食者……而轻休其力不为……罪不除也"。再次，《太平经》主张互助互爱，认为"天道助弱"，所以"智者当苞养愚者"，"力强者当养力弱者"，"后生者当养老者"。最后，《太平经》主张平均三义的分配原则，"天地施化得均，尊卑大小皆如一，乃无争讼者"。[②] 东汉末年，何休在《春秋公羊解诂》中进一步把大同和小康社会理想发展成具有一定系统性的"三世说"，即人类社会是一个由"衰乱世"到"升平世"再到"太平世"的发展过程。

---

① 《太平经》。
② 田玉松、苏永明：《试论中国的"大同思想"》，《科社研究》1983 年第 5 期。

清末民国之初，康有为融合中国和西方思想文化成果，在汲取中国传统儒学的"仁"、《公羊》"三世"说、《礼记·礼运》小康大同说、佛教慈悲平等说、达尔文进化论、西方资产阶级自由平等博爱思想、欧美社会主义等思想的基础上，[①] 创作了《大同书》。[②]《大同书》从人道主义出发，揭露了人世间由于不平等而产生的种种苦难："总诸苦之根源，皆因九界而已。"[③] 所谓"九界"，即国界、级界、种界、形界、家界、业界、乱界、类界、苦界。要解救人们的苦痛，就必须"破除九界"。《大同书》主张实行人道，认为人道的根本就在"苦乐"，"为人谋者，去苦以求乐而已，无他道矣"；指出当时中国处于"据乱世"，必须向已进入"升平世"的欧美资本主义国家看齐，然后才能进入"太平世"，即大同世界；描绘了"大同之世，天下为公，无有阶级，人人平等"的人类大同社会的美好图景；提出"破除九界"，实现男女平等，促使家庭消亡，去私产之业，"凡农工商之业，必归于公"，以达人类大同等主张。《大同书》主张用改良渐进的方法去实现这种社会理想，在当时中国历史条件下，只能成为一种乌托邦式的空想。正如毛泽东同志所指出的："康

---

① 康有为：《大同书》，辽宁人民出版社 1994 年版，编序第 5 页。
② 康有为在 1901 年至 1902 年避居印度大吉岭期间写成《大同书》初稿，后又作修改、增补。但直到 1913 年，康有为才在《不忍》杂志上发表书稿的甲部和乙部。1935 年即康有为去世后 8 年，才由他的弟子钱定安将全书书稿交中华书局出版。
③ 康有为：《大同书》，辽宁人民出版社 1994 年版，第 66 页。

有为写了《大同书》，他没有也不可能找到一条到达大同的路。"①

孙中山在领导近代中国资产阶级革命斗争，建立资产阶级民主共和国的过程中，提出民族、民权、民生的"三民主义"主张，提出反对帝国主义和封建专制主义、国家政权为一般平民所共有、平均地权、节制资本等主张，主张建立以博爱、平等、自由的人道主义为最高原则的大同世界，②对中国传统大同理想进行了新的阐释。孙中山在同盟会成立前就曾宣称："余之主张为'大同主义'。"③在孙中山的大同思想中，民族主义就是要反对帝国主义和封建专制主义，推翻清朝封建政权，建立民主共和国。民权主义就是要提倡人民的权利，让人民来管理国家大事，实现公天下。孙中山指出："四万万人都有主权来管国家的大事，这便是古人所说的公天下。这项公天下的道理，便是三民主义中第二项的民权主义。"④民生主义就是要通过平均地权，反对封建剥削，实现"耕者有其田"，节制私人资本，发达国家资本，使私有资本制度不能操纵国民之生计。孙中山指出："民生就是人们的生活——社会的生存、国民的生计、群众的生命便是……故民生主义就是社会主义，又名共产主义，即是大同主义。"只有"实行民生主义，而以社会主义

①《毛泽东选集》（第 4 卷），人民出版社 1991 年版，第 1471 页。
②《孙中山全集》（第 6 卷），中华书局 1981 年版，第 510 页。
③冯自由：《革命逸史》第 3 集，中华书局 1981 年版，第 209 页。
④《孙中山全集》（第 8 卷），中华书局 1981 年版，第 470 页。

为归宿，俾全国之人，无一贫者，同享安乐之幸福，则仆之素志也"。①孙中山所勾画的大同世界，是一个各民族平等、天下为公、丰衣足食的理想社会。

除了一些思想家、政治家提出了关于理想社会的构想，还有一些文学家以文学作品的形式，描绘了美好的理想社会。三国时期曹魏文学家嵇康描绘了"耕而为食，蚕而为衣，衣食周身"的"君道自然""至德之世"的理想社会。②东晋著名田园诗人陶渊明在《桃花源记》中描绘了一个没有压迫、没有战乱，人们安居乐业、和睦相处的世外桃源。南宋词人康与之在《昨梦录》中描绘了一个人人劳动，"计口授田，以耕以蚕，不可取衣食于他人"，"凡衣服饮食丝纩麻枲之属，皆不私藏，与众均之"的理想社会。③

受大同等理想社会思想的影响，进入封建社会以后，中国历史上的农民起义，提出了各自的战斗口号和施政纲领，通过实践发展了理想社会思想。陈胜、吴广领导的秦末农民起义，喊出了"王侯将相宁有种乎"的口号。东汉末年，张角以"苍天已死，黄天当立，岁在甲子，天下大吉"为口号发动起义，史称黄巾起义。东汉末年，张鲁在汉中传布"五斗米道"，建立地方政权，雄踞汉中30年。

① 孙中山研究会编：《孙中山文集》，团结出版社1997年版，第23页。
② 嵇康：《答难养生论》。
③ 康与之：《昨梦录》。

张鲁政权不设长吏，以祭酒管理地方政务；创立义舍，置义米肉于内，免费供行路人量腹取食。这些政治、经济措施和《太平经》的主张相似，是《太平经》有关思想的具体实践。

南宋钟相、杨幺起义打出"等贵贱、均贫富"的旗号。元末红巾军起义提出"不平人杀不平者，杀尽不平方太平"的口号。明末李自成起义提出"均田免粮"的口号。清末太平天国运动，洪秀全提出"天下一家，共享太平"的口号，颁发了反映农民平等平均要求的政纲《天朝田亩制度》，提出"通天下皆一式"的平等生活方式。《天朝田亩制度》规定，一切土地为国家所有，凡天下田，天下人同耕，务使天下共享。"有田同耕，有饭同食，有衣同穿，有钱同使，无处不均匀，无人不饱暖也。"[1]《天朝田亩制度》的颁布和太平天国在一定范围内取消私有制的实践，是农民阶级大同思想的高峰。[2]上述主张，反映了农民阶级的理想社会构想，展现了农民阶级大同思想的发展和进步。

总体上，不断发展完善的关于理想社会构想，主要包括如下政治主张和思想观点：天下为公即国家政权为天下人公有，包括权力公有的政治制度，财产公有的产权制度，选贤举能、公众参与国家和公共事务的制度安排；劳动者占有生产资料，实现耕者有其田；

---

[1] 《中国近代史资料丛刊·太平天国》（第1册），上海人民出版社2000年版，第321页。
[2] 田玉松、苏永明：《试论中国的"大同思想"》，《科社研究》1983年第5期。

没有剥削和压迫，有劳动能力者自食其力；没有贫富悬殊，普遍温饱；人们善良友爱，关爱扶助弱小；人们安居乐业，人尽其才，物尽其用；社会和谐，风清弊绝；没有战争，国家和平相处。

大同等理想社会构想，反映了封建社会和小农经济时代人们对理想社会的追求，这些思想和主张是在当时的经济社会发展条件下提出的美好社会构想，表现出鲜明的时代烙印，具有历史进步性。同时，他们提出的理想社会主张，局限于所处时代的经济社会发展状况和所能预见的经济社会发展趋势，因而具有历史局限性。此外，尽管他们提出了大同等理想社会的构想，但并没有找到实现理想社会的具体路径和可行路径，这些思想和主张最终都沦为难以实现的空想。

综上所述，中国大同思想的发展主要有两条主线：一是中国历史上政治家、思想家、文学家等提出的理想社会构想；二是中国历史上农民起义提出的革命口号、主张和纲领，这些反映了农民阶级的理想社会构想。二者相互影响，推动中国理想社会思想的发展。

大同社会理想、小康社会理想和其他理想社会构想尽管没有明确提出共同富裕思想，但却蕴含着共同富裕思想的基本要素。从基本目标来说，过上温饱的生活是人们普遍追求的生活目标，这也可以理解为人们对共同富裕目标的追求，只不过是相对低层次的共同富裕。

中国传统文化中的理想社会构想为中国社会的发展进步提供了价值指引，也为当今中国推进共同富裕播下了思想种子，提供了文化土壤。

第二节　空想社会主义者的共同富裕思想

什么是空想社会主义？根据《马克思主义大辞典》的定义，空想社会主义又称乌托邦社会主义，是科学社会主义诞生之前出现的，代表尚不成熟的无产阶级的一种不现实的改造人类社会的思想体系。空想社会主义是随着资本主义生产方式的产生发展而产生的。

一、空想社会主义及其产生的背景

16世纪初到19世纪初，是欧洲从封建生产方式向资本主义生产方式的转变时期。14、15世纪，地中海沿岸的某些城市如威尼斯已经稀疏地出现了资本主义生产关系的萌芽。随着资本主义的发展，资产阶级的经济、政治力量不断壮大，为各国的资产阶级革命准备了条件。荷兰在16世纪末，英国在17世纪中叶，法国在18世纪末，德国及其他一些国家在19世纪中叶，先后爆发资产阶级革命，变革了封建制度，从而为资本主义生产方式取代封建生产方式扫清了道路。

资本主义生产方式的诞生，使得生产力得到很大发展，物质财富迅速增加，却给早期的无产者带来了血与火的灾难。资本主义生产关系的产生发展与世界市场的扩大、生产技术的发展和资本的原始积累相伴而生。15 世纪末的地理大发现以及随之而来的殖民地的开拓，使得销售市场扩大了许多倍，加速了手工业向工场手工业的转化。集中的手工工场在 16 世纪如雨后春笋般出现，到 18 世纪进入鼎盛时期。18 世纪，在英国等先进的资本主义国家，国内市场与世界市场的迅速扩大，越来越同工场手工业的狭隘的技术基础发生矛盾。资本家为了在竞争中获取更多的利润，要求进一步改进生产技术，正是在这种情况下发生了工业革命。18 世纪 60 年代，英国开始向机器大工业过渡。19 世纪，欧洲进入机器大工业阶段。工业革命诞生的机器大工业，标志着资本主义生产的物质技术基础已经建立。

在资本主义的发展历程中，资本原始积累与对农民土地的剥夺及对工人的剥削和压榨相伴而生。在封建社会末期，商品经济的发展，促进了封建社会自然经济的解体，引起了小商品生产者的两极分化，资本原始积累进一步加速了这种分化。资本主义生产方式产生的基本条件是：一方面，出现大批有人身自由但没有生产资料的劳动者，他们必须靠出卖劳动力为生；另一方面，大量货币和生产资料集中在少数人手里转化为资本。所谓资本原始积累，就是强制地使直接生产者与生产资料相分离，使货币财富迅速集中于少数人手中的历史过程。资本原始积累是资本主义生产方式的前提和起点，而对农民土地的剥夺是资本原始积累的基础。15 世纪至 19 世纪的英国圈地运动，逐利的英国贵族和资产阶级强行将耕地变为牧场，使得很多失地农民只能迁入城镇，从而转变为只能靠出卖劳动力为生的无产者。马克思指出："资本来到世间，从头到脚，每个毛孔都滴着血和肮脏的东西。"[1]

正是看到了资本主义残酷的掠夺和剥削，当时一些优秀的思想家，对受苦受难的无产者深表同情，尖锐地揭露和批判资本主义，追求建立一个没有剥削没有压迫的理想社会。在这种时代背景下，空想社会主义作为一种进步的社会思潮，在资本主义生产关系产生的早期应运而生。

二、空想社会主义的三个发展阶段

空想社会主义产生于 16 世纪初。经过 300 多年的发展，到 19 世纪出现了圣西门、傅立叶、欧文三大空想社会主义者。他们尖锐

---

[1]《马克思恩格斯选集》（第 2 卷），人民出版社 2012 年版，第 297 页。

地揭露和批判资本主义的种种弊端，对未来社会提出了积极的主张和有价值的猜想。空想社会主义的发展可以分为三个阶段。

16、17 世纪的早期空想社会主义。英国的托马斯·莫尔（Sir Thomas More）是最早的空想社会主义者，也是空想社会主义的奠基人。1516 年，莫尔发表《乌托邦（Utopia）》，标志着空想社会主义的诞生。Utopia 的中文意思是"空想的完美境界"。另一位代表人物是意大利的康帕内拉（Tommas Campanella），其代表作是他在监狱中所写的《太阳城》一书。1524 年德国农民起义的领袖闵采尔和 17 世纪中叶英国掘地派运动领袖温斯坦莱是在实际斗争方面的代表人物。这一时期的空想社会主义以手工工场为原型，采用文学手法描述未来理想社会，提出了公有制、人人劳动、按需分配等社会主义的基本原则。

18 世纪的中期空想社会主义。18 世纪，工场手工业开始向机器大工业过渡，之后 1775 年爆发了美国独立战争，1789 年爆发了法国大革命。这时，无产阶级已从一般劳动者中分离出来，并被卷入资产阶级革命洪流，但还无力采取独立的政治行动。这一时期空想社会主义的主要代表人物有法国的摩莱里和马布利。摩莱里的代表作是《巴齐里阿达》和《自然法典》；马布利的著述很多，1792 年出版的《马布利全集》就有 15 卷之多，其代表作是《论法制或法律的原则》。他们的著作深受法国启蒙思想的影响，开始具有直接的理论形态，摩莱里的著作主要采用法典形式来表达自己的理论主张，马布利的著作主要采用论战形式。摩莱里和马布利的空想社会主义带有明显的平均主义或禁欲主义色彩。这一时期空想社会主义在实际斗争方面的代表人物是巴贝夫，他在1796年3月组织了"平等派密谋委员会"，准备发动武装起义，最后由于叛徒告密而失败。这一时期空想社会主义以农村公社和手工工场为原型设计未来理想社会，开始从理论上批判资本主义私有制，初步提出了阶级观点。

19世纪前40年的后期空想社会主义。19世纪初，空想社会主义发展到顶峰，出现了圣西门、傅立叶、欧文三大空想社会主义思想家。英国产业革命和法国大革命之后，欧洲于19世纪进入机器大工业阶段，资本主义在欧洲迅速发展起来，资本主义的统治地位得以确立，阶级关系发生新的变化，整个社会日益分裂为工业资产阶级和工业无产阶级，无产阶级与资产阶级的矛盾上升为社会主要矛盾，资产阶级对劳苦大众的残酷剥削，使资本主义社会内部矛盾和弊端日益暴露。在这样的背景下，英国和法国出现了形态更完备的空想社会主义，以圣西门、傅立叶、欧文为代表，他们把空想社会主义提升到前所未有的高度。圣西门的代表作有《论实业制度》《新基督教》；傅立叶的代表作有《全世界和谐》《新世界》；欧文的代表作有《新社会观》《新道德世界书》。欧文还在美国印第安纳州进行"新和谐公社"的试验。这一时期的空想社会主义，尖锐地批判私有制和资本主义制度，提出社会主义是具有高度物质文明和精神文明的美好社会。

表 1-1：欧洲不同时期空想社会主义主要代表人物简介 [1]

国家	姓名	代表作	主要身份
英国	托马斯·莫尔（1478—1535 年）	《乌托邦》	政治家、文学家、律师
	杰腊德·温斯坦莱（1609—1652 年）	《自由法》	思想家、掘地派运动领袖
	罗伯特·欧文（1771—1858 年）	《新社会观》《新道德世界书》	慈善家、企业家
	威廉·汤普逊（1775—1833 年）	《最能促进人类幸福的财富分配原理的研究》	李嘉图派社会主义经济学家
	约翰·格雷（1799—1883 年）	《人类幸福论》	李嘉图派社会主义经济学家
	约翰·勃雷（1809—1895 年）	《对劳动的迫害及其救治方案》	印刷工人、李嘉图派社会主义经济学家
德国	托马斯·闵采尔（1489—1525 年）	《告捷克人民书》	农民战争领袖、平民宗教改革家
	威廉·魏特林（1808—1871 年）	《和谐与自由的保证》	裁缝、德国共产主义创始人

---

[1] 参见张美云：《共同富裕：英国空想社会主义者的历史贡献和时代局限》，《改革与战略》2022 年第 1 期。

（续表）

国家	姓名	代表作	主要身份
意大利	托马斯·康帕内立 （1568—1639年）	《太阳城》	神学家、哲学家、诗人
法国	让·梅叶 （1664—1729年）	《遗书》	神父
	摩莱里 （约1700—1780年）	《巴齐里阿达》 《自然法典》	思想家
	马布利 （1709—1785年）	《论法制或法律的原则》	政治家
	巴贝夫 （1760—1797年）	《永久地籍》	革命家
	克劳德·昂利·圣西门 （1760—1825年）	《论实业制度》 《新基督教》	思想家
	夏尔·傅立叶 （1772—1837年）	《全世界和谐》《新世界》《四种运动论》	哲学家、思想家、经济学家
	路易·奥古斯特·布朗基 （1805—1881年）	《藉星永恒》	革命家、巴黎公社议会主席
	埃蒂耶纳·卡贝 （1788—1856年）	《伊加利亚旅行记》	烧炭党党员、议员、中央兄弟会领袖
	泰奥多·德萨米 （1803—1850年）	《公有法典》	巴黎无产阶级革命领导人之一

三、空想社会主义代表人物及其共同富裕思想

（一）莫尔及其共同富裕思想

托马斯·莫尔是早期空想社会主义的代表人物，是西方近代空想社会主义的先行者，欧洲文艺复兴时期的政治家和文学家。莫尔于 1478 年 2 月 7 日出生在英国伦敦一个不太显赫的富有家庭。莫尔曾在教会学校学习拉丁文，在牛津大学攻读古典文学并学习希腊文，后又在新法学院、林肯法学院学习法学和英国法。曾当过律师、国会议员、财政副大臣、国会下院议长、大法官。1535 年因反对亨利八世兼任教会首脑而被处死。受人文主义思想的影响，莫尔是一位坚定的人文主义者。

莫尔生活的时代是英国资本主义原始积累时期。圈地运动使大批农民失去土地，手工业者纷纷破产。苦难的社会现实引起莫尔的极大关注，他形象地把英国圈地运动时代称为"羊吃人"的时代。1516 年，莫尔发表《关于最完美的国家制度和乌托邦新岛的既有益又有趣的全书》，即《乌托邦（Utopia）》，标志着空想社会主义的诞生。"乌托邦"一词来自希腊文，意即"乌有之乡"。莫尔用它来表示幸福、理想的国家。莫尔的共同富裕思想主要体现在《乌托邦》一书中，书中描述了不合理的（英国）社会，谴责了私有制所引致的权贵阶层的贪婪、圈地运动和严酷刑罚等给劳苦大众带来经

济上的贫困和政治上的压制等不幸；通过航海家拉斐尔·希斯拉德在"乌托邦"这个理想国度的旅行见闻，阐述了未来理想社会的构想。"乌托邦"是南半球的一个岛国。在那里，财产公有，按需分配。物品汇聚到指定的市场，每家每户到市场领取所需物品，没有商品货币关系。公民们没有私有财产，每十年调换一次住房，穿统一的工作服和公民装，在公共餐厅就餐；人人以务农为业，还须学一门（或以上）手艺。除极少数人外，人人参加生产劳动；居民每天劳动六小时，其余时间从事学习、文娱活动。官员由秘密投票方式选举产生。实行一六一妻制和宗教信仰自由政策。

莫尔断言私有制是万恶的根源，只要私有制存在，就不可能根除贪婪、争讼、掠夺、战争及一切社会不安的因素。莫尔在社会主义发展史上第一次提出了消灭私有制，建立公有制的问题。当然，处于那个时代的莫尔不可能理解资本主义的历史地位，也无法指出实现理想社会制度的真正途径，他的乌托邦只是一个空想而已。

（二）欧文及其共同富裕思想

罗伯特·欧文是 19 世纪初三大空想社会主义者之一。欧文于 1771 年 5 月 14 日出生于北威尔士，父亲是位马具师和小五金商，母亲是邮政员。欧文几乎没有接受过正规的学校教育，但他酷爱读书，善于观察和思考，还是一位企业家、慈善家，被称为现代人事管理之父。欧文 10 岁时就到服装厂做缝衣工学徒，后又从事过多种职业，18 岁时开办工厂，20 岁时担任工厂经理，欧文的空想社会主义学说得益于其工作经历、社会改革和实践活动。欧文主要著有《致拉纳克郡报告》《新社会观》《新道德世界书》《人类思想和实践中的革命》等著作。

欧文的一生与英国产业革命紧密联系。产业革命推动了生产力的飞速发展、资产阶级财富的极度膨胀，同时，也给工人阶级和劳动人民带来了新的痛苦，工人阶级遭受着残酷的压迫和剥削。欧文深切感受到资本主义制度的弊病和工人阶级的苦难，致力于探索和建立理想的社会制度。欧文所处的历史时代和社会改革取得的成就对其空想社会主义思想的形成有着重要的影响。1799 年，欧文在新拉纳克工厂进行改革不合理状况的试验。欧文的改革试验坚持既有利于工厂主，又有利于工人的原则，主要措施包括缩短工作时间为 10 小时，禁止雇用不满 9 岁的童工，提高工人工资，改善工人的生活和劳动条件，建立工人住宅，设立工厂商店以排除商人的中间剥削，设立公共食堂，开办工厂子弟小学、幼儿园和托儿所，建立工人互助储金会、保险部和医院，发放抚恤金。1817 年，欧文在《致工业和劳动贫民救济协会委员会报告》中提出建立合作社来解决失业问题的主张。1820 年，欧文在《致拉纳克郡报告》中提出建立以农业为主的协作社的详细计划，按照联合劳动、联合消费、联合保有财产和特权平均的原则建立农业新村，生产组织按照中等阶级和劳动阶级互利的原则派出管理人员集体管理，产品在协作社内部分配后，剩余产品可与其他公社的剩余产品进行交换。该设想为人们描绘了共产主义的图景，标志着欧文从慈善家转变为空想共产主义者，标志着其空想社会主义思想体系的形成。1824年，欧文辞去新拉纳克工厂的管理工作，到美国印第安纳州买下1214公顷土地，建立"纽哈蒙尼"即"新和谐"共产主义移民区，成立新和谐公社，进行了为期四年的共产主义试验，致力于建立符合"人的本性"的"理性社会制度"。[①] 公社有1000多名社员，实行生产资料的公有制，自给自足，还通过了一个"宪法"。尽管试验最终失败，并耗尽了他的全部资产，但欧文并未因此放弃对未来理想社会的追求。1829年回国后，欧文逐渐转向工人运动，于1832年建立"全国劳动产品交换市场"，旨在通过流通渠道来组织生产；1833年，组织成立英国第一个总工会即"全国生产部门大联盟"，准备通过工会组织按行业直接管理生产；1839年至1845年，欧文又从事"劳动公社"试验。欧文这些改造资本主义社会的措施，在资产阶级及其国家政权的强烈反对下，均以失败告终。

欧文的观点和主张主要有：改良制度（"作出适当的安排"），劳动就可以成为一切财富和国家繁荣的源泉；改造社会环境，因为资

---

① 胡可：《欧文空想社会主义的思想渊源》，《苏州大学学报》（哲学社会科学版）1986年第3期。

本主义社会中的"人为障碍"阻碍着社会的自然改良和进步；私有制是一切罪恶的根源，私有制在理论上不合乎正义，在实践上不合乎理性；人的性格是环境的产物，要把生产劳动和教育相结合，通过教育来改造社会环境，从而使"环境所控制的社会"转变成"主动控制环境的社会"；改革价值标准，用人类劳动的自然价值代替人为价值，将人类所运用的体力与脑力劳动作为价值标准，根据每项产品中的劳动量确定其价值和交换价值。

欧文将私有制看作社会贫富分化的根源，其共同富裕思想主要有：在生产资料所有制上主张废除私有制，财产公有；在阶级关系上主张阶级互利，消除阶级差别，权利平等；在生产关系上主张改良制度，消除失业，集体劳动，民主管理，生产的指导原则是增进公众福利；在分配关系上主张按需分配，共享劳动成果，剩余产品在公社间进行有利的互换；在实现途径上主张社会改良，通过劳动和教育相结合、改良制度等方式改良社会环境，从而建成由劳动公社组成的共同富裕的理想社会。

欧文的理想社会和共同富裕思想建立在社会环境决定人的性格、劳动价值论等基础之上，提出了人的性格是环境的产物、改造社会环境提高劳动者素质，劳动是财富的源泉、根据劳动量确定产品价值等理论观点，提出了消除私有制、消除阶级差别、改良社会等主张，其思想为科学社会主义提供了重要的思想财富和理论来源。

欧文的思想也存在明显局限性，主要表现在：其社会主义理论的思想渊源是 18 世纪形而上学的唯物主义，没有找到辩证唯物主义的方法，提出的外在环境决定人的性格的观点，没有认识到环境和人的相互影响和作用，特别是人在改造环境中的积极作用；提出的资本主义私有制是一切罪恶的根源，认识到资本主义社会的疫病，却找不到实现社会变革的可行路径；在社会变革的途径上，坚持工人阶级和资产阶级的互利原则，主张社会改良，反对暴力革命，忽略了工人阶级的力量。欧文改造资本主义社会的方案和措施，脱离了资本主义市场竞争规律，在资产阶级及其国家政权的强烈反对下，只能以失败告终。

（三）圣西门及其共同富裕思想

克劳德·昂利·圣西门是 19 世纪初三大空想社会主义者之一，法国著名的思想家。圣西门于 1760 年 10 月 17 日出生于法国巴黎的贵族家庭。圣西门接受了良好的教育，爱好研究唯物主义哲学。圣西门于 1777 年到军中服役，1779 年随法国军队参加美国独立战争，1789 年法国大革命爆发后，圣西门热情地投身于其中，雅各宾派专政时期对封建势力和投机者的打击使得圣西门锒铛入狱。美国独立战争和法国大革命是圣西门一生中的重大阶级斗争实践，对于圣西门思想的形成起了决定性的影响。恩格斯说："圣西门是法国大革命的产儿。"圣西门怀抱为人类服务的理想，为改造自然、改变人类命运而奋斗终身。1802 年以后，圣西门集中精力于科学研究和写作，逐步形成了他的空想社会主义思想体系。

法国大革命宣告了新兴的资产阶级战胜腐朽的高级僧侣和封建贵族。革命后建立的资本主义制度只是给少数富有者和大资产阶级带来了利益，广大劳动人民依然处于政治上受奴役、经济上受剥削的悲惨境地。在看到广大劳动人民的苦难和斗争后，圣西门开始设计"旨在改善占人口大多数的穷苦阶级命运"的新社会制度，逐步转变为空想社会主义者。从 1802 年开始，圣西门逐步完善自己的社会主义理论。1802 年出版《一个日内瓦居民给当代人的信》，主张由科学家代替牧师的社会地位，主张精神权力由学者掌握，世俗权力由实业家掌握，把选举适当人选充当人类的伟大领袖的权力交给全体人民，把尊重作为付给统治者的工资。[①] 1808 年发表《19 世纪科学著作导论》，进一步阐述了《一个日内瓦居民给当代人的信》中的基本思想。1813 年撰写的《人类科学概论》和《万有引力》阐述了他的哲学思想和对历史规律性的见解。1817—1818 年，发表《给一个美国人的信》和《论财产和法制》，论述了他对法国革命的看法，提出"一切通过实业，一切为了实业"的口号，明确提出要改革资本主义社会。1819—1820 年，发表《寓言》，集中批判了资本

---

① 汤玉奇：《关于圣西门的空想社会主义》，《世界历史》1982 年第 2 期。

主义制度，指出"现代的社会真正是黑白颠倒的世界"。19世纪20年代，圣西门出版一系列著作，如《论实业制度》《实业家问答》《论文学、哲学和实业》等，从哲学、历史、政治和经济等方面进一步阐述了他的思想。1825年，圣西门发表最后一部著作《新基督教》，阐明了他的最终目标——为了工人阶级的解放，标志着其空想社会主义思想体系的形成。

圣西门尖锐揭露和猛烈抨击资本主义制度。他认为资本主义社会是一个"黑白颠倒的世界"，弊病百出，极不合理，需要以一个"旨在改善占人口大多数的穷苦阶级命运"的新社会取而代之。他认为三权分立的实行并没有真正解决社会问题，法国革命"这一争取自由的伟大事业只是产生了新的奴役形式"，这种新的奴役形式是按照金字塔的形状组织起来的：人民群众以自己的劳动造福于整个社会，却被沉重地压在这个金字塔的最底层，而一小撮新旧贵族、寄生虫和官僚则凭自己的出身、职务而高高盘踞在这个金字塔的最上几层；在资本主义制度下，广大劳动者被剥削的数额"比革命以前多得多了"，庸碌无能的统治者凭借手中的权力，把全国税收的一半据为己有，过着游手好闲、骄奢淫逸的寄生生活，占人口多数的劳动者——实业家、学者和艺术家，创造了社会上一切物质的和精神的财富，却几乎得不到社会的任何报酬。[①]

---

① 伊承哲：《圣西门——杰出的空想社会主义思想家》，《陕西师范大学学报》（哲学社会科学版）1980年第4期。

圣西门突出揭露和抨击资产阶级利己主义,主张个人利益和公共利益的统一。他认为资产阶级利己主义是人类肌体上的一种毒疮,是现代政治病的根源。利己主义的泛滥带来了极为严重的社会后果:它使人们道德沦丧、精神低下,对公益事业毫不关心,一心只希望游手好闲,致使贪得无厌的欲念代替了荣誉感和爱国主义情感;它侵袭着一切政治机体,日益败坏着社会,引起社会各个成员的斗争并导致社会的分裂。①

圣西门设计的新社会制度是实业制度,即"公益事业归实业家领导的社会制度"。他高度评价和重视科学和实业的历史作用,提出首先要关心"人数最多和最贫穷的阶级"的命运,为人类设计了一个科学和实业均高度发达,并为人类服务的理想社会。在这样的理想社会中,政治学就是关于生产的科学。国家政权机关的职能,主要是组织人们共同向自然界开战,"把人力作用于物",以造福整个民族。国家实行议会制,由发明院、审查院和执行院组成的议会都由有能力的专家、学者负责。由实业者和学者掌握社会政治、经济、文化各方面的权力。根据择优录用的原则,让在实证科学、美术和实业方面有最大才能的人,受托去管理国家大事。有能力的企业家和学者是"天然领袖",领导已不是一部分人为自己的利益在政治上

---

① 伊承哲:《圣西门——杰出的空想社会主义思想家》,《陕西师范大学学报》(哲学社会科学版) 1980 年第 4 期。

统治、压迫另一部分人，而由对人的统治变成对物的管理和对生产过程的领导。主张"消灭家庭出身所带来的特权"，废除因出身不同而得到的一切特权，人们的社会地位和收入，都"依靠他们在道德、科学知识或实业方面的优异才能来取得"[①]。"一切人都要劳动，都要把自己看成属于某一工场的工作者"[②]，没有不劳而获的人，个人收入同其才能和贡献成正比。消除失业，不允许有资本主义社会中的那种工人失业现象，社会要保证最穷苦的阶级都有劳动的权利。经济按计划发展，克服资本主义社会生产的无政府状态，制订十分合理的工作计划，按照"协作的共同目的"进行，银行通过调节信用来调节整个社会生产，通过控制信贷使生产和消费处于协调状态，生产将不再由各个企业主指挥，而是由社会机关去主持。社会的唯一目的是尽善尽美地运用科学、艺术和手工业的知识来满足人们的需要，特别是满足人数最多的最贫穷阶级的物质生活和精神生活的需要。

圣西门把人类社会看作一个按规律发展的过程。一个新的社会制度的出现，是过去全部历史发展的必然结果和延续。人类社会历史的发展，是一个连续的、上升的、进步的过程。圣西门提出了自己的阶级论。在《一个日内瓦居民给当代人的信》中，圣西门把社

---

① 《圣西门选集》（下卷），何清新译，商务印书馆1962年版，第154页。
② 《圣西门选集》（上卷），何清新译，商务印书馆1962年版，第86页。

会划分为三个阶级，即学者、艺术家和一切有自由思想的人，不进行任何改革……的财产私有者，人数众多的无产者。他指出法国大革命不仅是贵族和市民等级之间的，而且是贵族、市民等级和无财产者之间的阶级斗争。后来，圣西门又把社会阶级划分为寄生者和劳动者，前者包括新旧贵族、食利者、军人和法律家，后者包括整个实业家阶级及无产者、农民以及工厂主、商人和银行家。

圣西门的共同富裕思想体现在：在人类社会形态上，认为人类社会的发展是一个连续的、上升的、进步的过程，资本主义制度只是一种新的奴役形式，需要以新的社会制度取而代之；国家政权机关的职能主要是组织人们共同向自然界开战，以造福全体国民。领导不是一部分人为自己的利益而在政治上统治、压迫另一部分人，而由对人的统治变成对物和生产过程的管理；在阶级关系上，提出法国大革命是阶级斗争，看到了贵族、市民等级和无财产者之间的矛盾和对立关系；在阶级立场上，主张首先要关心"人数最多和最贫穷的阶级"的命运；在生产关系上，主张"一切人都应该劳动"，没有不劳而获的人；在社会生产上，提出了"计划生产"；在分配关系上，主张"按能分配"，个人收入同其才能和贡献成正比。

19世纪初的法国，资本主义经济还很不发达，资本主义生产关系和社会生产力、资产阶级和无产阶级之间的矛盾和冲突还处于开始阶段。正是在这种特定历史条件下，产生了圣西门批判的空想的社会主义学说。恩格斯指出："不成熟的理论，是同不成熟的资本主义生产状况、不成熟的阶级状况相适应的。"[1]圣西门的设想是美好的，包含着社会主义成分，但也有许多不切实际之处，因而是空想的社会主义。圣西门的思想反映了早期工人阶级即尚未成熟的无产阶级对资本主义制度的失望、抗议和对未来理想社会的追求。如何建成实业制度这种新的社会制度，圣西门寄希望于统治阶级的理性和善心，幻想国王和资产者会帮助无产阶级建立实业制度，主张通过社会改良来实现社会制度的变革。圣西门的社会历史观，由于没有摆脱 18 世纪启蒙学者关于"理性"和"人性论"的思想影响，从本质上来说还是历史唯心主义的。

（四）傅立叶及其共同富裕思想

夏尔·傅立叶是 19 世纪初三大空想社会主义者之一，法国哲学家、思想家、经济学家。傅立叶于 1772 年 4 月 7 日出生于法国商业中心贝臧松的商人家庭。早年曾当过学徒，从事过多种商业活动，对资本主义经济制度有深刻认识。1812 年离开商界，投身于空想社会主义的设计。著有《关于四种运动和普遍命运的理论》《宇宙统一论》《经济的和协作的新世界》《新的工业世界和社会事业》《四种运动论》《文明制度的批判》等著作。

---

[1]《马克思恩格斯选集》（第 3 卷），人民出版社 2012 年版，第 780 页。

傅立叶猛烈抨击资本主义制度，认为资本主义制度是万恶之源，是人人互相反对的战争，是贫富分化的极端、商业欺诈的乐园、道德败坏的温床。傅立叶强烈批判当时资本主义社会的丑恶现象，指出资本主义是一种"每个人对全体和全体对每个人的战争"的制度，资本主义的文明就是奴隶制的复活。

傅立叶将人类社会到目前为止的全部历史划分为蒙昧、宗法、野蛮和文明四个阶段，认为被资产阶级视为永恒的文明制度的资本主义制度也只是社会发展的一个阶段，主张建立和谐制度来代替资本主义制度。在傅立叶设计的和谐制度中，社会是由一个个有组织的合作社即"法郎吉"的基层社会组织组成。人民按性格组成协作社即"法郎吉"，人人可按兴趣爱好从事工作，而且可以随时变换工作。法郎吉的产品按劳动、资本和才能分配，人人都可入股成为资本家从而消灭阶级对立。协作制度把教育与生产劳动结合起来，妇女将获得完全解放，城乡差别和对立也将消失。在"法郎吉"里，个人利益和集体利益是一致的，人人平等，共同劳动，共同享受劳动成果，接受免费教育。傅立叶为"法郎吉"绘制了一套建筑蓝图：建筑物叫"法伦斯泰尔"，中心区是食堂、商场、俱乐部、图书馆等。建筑中心的一侧是工厂区，另一侧是生活住宅区。"法郎吉"是招股建设的。收入按劳动、资本和才能分配。傅立叶幻想通过这种社会组织形式和分配方案来调和资本与劳动的矛盾，从而达到人人幸福的社会和谐。傅立叶逝世后，他的门徒创办《法伦斯泰尔》杂志、《法郎吉》报，并在美国建立40个"法郎吉"，均以失败告终。

傅立叶设计的理想社会中包含着共同富裕思想，主要有：人人平等，共同劳动，共同享受劳动成果，接受免费教育。从资本主义生产的无政府状态中推论出资本主义制度下危机的不可避免性；认为脑力劳动和体力劳动的差别可以完全消除；首次提出妇女解放的程度是人民是否彻底解放的衡量标准；在教育上，主张对儿童从小实施劳动教育和科学教育。傅立叶关于消灭脑力劳动和体力劳动的对立以及城市和乡村的对立的思想萌芽，成为马克思主义学说的来源之一。

傅立叶的空想社会主义思想具有明显的局限性：主张用改良的手段来改造社会，不主张实行社会革命而是期待富人慷慨解囊；不主张废除私有制，幻想通过宣传和教育来建立一种以"法郎吉"为基层组织的社会主义社会。

空想社会主义是资本主义生产方式产生和成长时期剥削者与被剥削者间对立关系的反映，空想社会主义者虽然提出了社会变革的方案，但没有找到可以实现社会变革的有效途径，因而只能流于空想。空想社会主义反映了资本主义形成早期无产者的思想和要求，是在理论基础上建立起来的现代无产阶级先驱者的思想体系，是科学社会主义的直接思想来源。

　　不论是中国历史上的理想社会构想，还是空想社会主义者的理想社会，都包含着共同富裕这一基本要素。可以说，共同富裕是人类社会的发展目标和基本要求，是人类社会的美好理想。

第二章
马克思主义的共同富裕理论

马克思主义经典作家揭示了人类社会发展规律，阐明了人类社会最终将走向共产主义社会，提出了对未来社会的设想，揭示了共同富裕的历史逻辑和理论逻辑。中国共产党人继承马克思主义经典作家的共同富裕思想，在推动实现共同富裕道路的理论和实践中，丰富和拓展了马克思主义共同富裕思想。

第一节　马克思主义经典作家的共同富裕思想

马克思主义揭示了人类社会发展规律，揭露了资本主义的剥削实质及其产生、发展和灭亡的规律，蕴含着丰富的共同富裕思想。马克思、恩格斯揭示了共同富裕的历史逻辑，阐明了共同富裕的理论逻辑，马克思主义经典作家的共同富裕思想为人类社会走向共同富裕提供了理论指导。

一、共同富裕的历史逻辑：人类社会发展史是走向共同富裕的历史

人类社会发展史是人类社会发展进步的历史，是人类走向共同富裕的历史。从社会财富的总量看，人类社会发展史是社会生产力不断发展、社会财富不断增长的历史；从社会财富分布的格局和趋势看，人类社会发展史是人类从原始社会走向共同富裕的理想社会的历史。

　　马克思主义揭示了人类社会发展规律。马克思主义认为，矛盾是推动事物发展的动力。生产力和生产关系矛盾运动规律、经济基础和上层建筑矛盾运动规律，决定了社会形态更替和历史发展的基本趋势。在社会生活中，生产力和生产关系、经济基础和上层建筑的矛盾是社会基本矛盾，贯穿于人类社会发展过程的始终。社会基本矛盾是社会发展的根本动力，规定了社会发展过程中各种社会形态、社会制度的基本性质，推动着社会向前发展。根据生产关系的性质，人类社会历史可以划分为原始社会、奴隶社会、封建社会、资本主义社会和共产主义社会（其第一阶段是社会主义社会）五种社会形态，这五种社会形态的依次更替，是社会历史运动的一般过程和一般规律。

　　人类社会发展规律揭示了共同富裕发展规律，人类社会发展史是人类走向共同富裕的历史。社会生产力的发展、社会产品的极大丰富是共同富裕的物质基础。共同富裕有赖于社会物质财富的增长。社会财富的增长是一个历史过程，共同富裕也不可能一蹴而就。共同富裕的实现包括两个方面：一是绝对意义上社会成员普遍摆脱贫困状态，财富普遍增长，收入普遍提高；二是社会成员不存在两极分化，财富和收入差距相对缩小。①前者涉及社会财富的增长，可

---

① 龚云：《论晚年毛泽东对共同富裕道路的探索》，《福建党史月刊》2003 年第 6 期。

以理解为做大可供分配的蛋糕；后者涉及社会财富的公平合理分配，可以理解为分好蛋糕。

从社会财富的总量看，人类社会发展史是生产力不断发展、社会财富不断增长的历史。生产力与生产关系矛盾运动表现为：生产力与生产关系相互联系、相互作用，生产力决定生产关系，而生产关系又反作用于生产力。生产力是社会基本矛盾运动中最基本的动力因素，是人类社会发展和进步的最终决定力量。生产力的发展和进步推动着生产关系的根本变革，推动着社会形态逐步从低级走向高级。正是在这个意义上，马克思指出："手推磨产生的是封建主的社会，蒸汽磨产生的是工业资本家的社会。"[1]列宁也高度重视生产力的决定性意义和作用，他指出："还由于只有把社会关系归结于生产关系，把生产关系归结于生产力的水平，才能有可靠的根据把社会形态的发展看作自然历史过程。"[2]与生产关系的根本变革和社会形态更替相伴随的是生产力的不断发展、劳动生产率的不断提高、社会总产品的不断增加、社会财富的不断增长，也带来了社会富裕程度的不断提高。奴隶社会取代原始社会、封建社会取代奴隶社会、资本主义社会取代封建社会，极大地促进了生产力的发展，带来了社会财富的增长，从而逐步地奠定了共同富裕的物质基础。马克思、

---

[1]《马克思恩格斯选集》（第1卷），人民出版社2012年版，第222页。
[2]《列宁选集》（第1卷），人民出版社2012年版，第8页。

恩格斯指出："资产阶级在它的不到一百年的阶级统治中所创造的生产力，比过去一切世代创造的全部生产力还要多，还要大。"[1]资本主义社会为社会主义社会和共产主义社会实现共同富裕奠定了物质基础。

从社会财富分布的格局和历史趋势看，社会形态更替带来生产关系的根本性变革和发展进步，总体上改善了社会财富的分布格局，与人类社会从原始社会到阶级社会再到共产主义社会的发展历程和趋势相一致。

原始社会，人们共同劳动、共同占有生产资料和劳动成果。由于生产力水平极度低下，社会劳动产品匮乏，温饱生活有时都难以维持，全体社会成员不可能享有富裕和美好的生活。在人们追求富裕生活的努力中，随着生产力的发展，社会出现剩余产品，随之产生了私有制，从而出现了阶级和阶级分化，人类社会开始从无阶级的原始社会进入生产资料私有制的阶级社会，先后经历奴隶社会、封建社会和资本主义社会。

奴隶社会是贫富两极分化的社会，奴隶主占有奴隶、生产资料和奴隶劳动所得，奴隶没有人身自由，只是会说话的工具，只能得到为维持生存所必需的少量的消费品。

---

① 《马克思恩格斯文集》（第 2 卷），人民出版社 2009 年版，第 36 页。

　　封建社会贫富两极分化状况相对奴隶社会而言有一定的改善。封建社会的中国有三种土地所有制形式，即：国家土地所有制、地主土地所有制和农民土地所有制。封建贵族和地主占有大部分土地等生产资料；自耕农占有一部分土地等生产资料；佃农不占有土地，以租种土地为生。封建社会的欧洲，封建领主占有大部分土地等生产资料，自由农民占有一定的土地和财产；农奴从农奴主手中分得一块份地，必须无偿耕种主人的土地，并上缴大部分劳动产品。尽管封建社会的农民对地主阶级存在严重的人身依附关系，但农民占有一部分生产资料并享有一定的人身自由，相对于奴隶社会的奴隶而言，农民阶级生活状况有较大改善。

　　资本主义社会，资本家占有资本从而占有绝大部分生产资料，工人等劳动者除了占有自身劳动力外一无所有，靠出卖劳动力维持生活。社会财富主要由资本家占有，劳动者获得了人身自由从而可以自由出卖劳动力，相对于封建社会的农民阶级而言，雇佣劳动阶级的物质生活条件和社会贫富两极分化状况得到了进一步改善。

　　尽管原始社会、奴隶社会、封建社会和资本主义社会都没有也无法实现共同富裕，但是我们要看到，人类社会在社会形态的更替过程中，随着生产力的发展和生产关系的根本变革，持续夯实着共同富裕的物质基础，日益孕育着走向共同富裕的思想文化和社会环境，从而推动着人类社会一步步走向共同富裕这一美好目标。

随着社会生产力的发展，当人类社会进入生产资料公有制的社会主义社会和共产主义社会，才能真正消灭剥削和因剥削而产生的社会财富占有的不平等。只有社会生产力高度发达从而奠定坚实物质基础，才能实现全社会的共同富裕。社会主义社会取代资本主义社会，极大地解放和发展了社会生产力，人类社会真正开启了走向共同富裕的历史征程。在这个意义上，我们可以说"共同富裕是社会主义社会区别于以往一切社会制度的根本特征"①。

综上所述，无论是无阶级的原始社会，还是生产资料私有制的阶级社会，都不可能实现全社会的共同富裕，只有进入社会主义社会和共产主义社会，并在社会生产力高度发达的基础上，才能实现全社会的共同富裕。人类社会从原始社会到奴隶社会、封建社会、资本主义社会，再到社会主义社会和共产主义社会，是人类追求并实现共同富裕的理想社会的历史。

二、共同富裕的理论逻辑：在走向共产主义社会中走向共同富裕

马克思主义经典作家阐明了共同富裕的发展目标、制度前提、实现路径、物质基础和实现机制，阐述了共同富裕的基本原理，构

---

①赵学清：《社会主义初级阶段财富分配的规范性分析——基于马克思共同富裕思想的视角》,《毛泽东邓小平理论研究》2014 年第 12 期。

建了共同富裕的基本理论。

（一）共同富裕的发展目标

共同富裕既是未来社会的本质属性，也是未来社会的发展目标。马克思、恩格斯关于未来社会的设想，蕴含着共同富裕的发展目标。

未来社会是指共产主义社会，包括未来社会的第一阶段社会主义社会。马克思、恩格斯揭示了人类社会发展规律，阐明人类社会最终将走向共产主义社会，提出关于未来社会的设想。马克思、恩格斯所设想的共产主义社会，社会生产力高度发达，劳动生产率极大提高，社会产品极大丰富；实行生产资料的社会所有制；实行"各尽所能、按需分配"的分配制度；消灭工农差别、城乡差别、体力劳动和脑力劳动的差别，人人都能全面发展、能够胜任多种工作；人人都具有高度的共产主义思想觉悟和道德品质；阶级和阶级差别彻底消灭，作为阶级统治工具的政治（意义上的）国家将消亡。

共同富裕是未来社会的本质属性，包括物质富裕和精神富裕。共产主义社会是共同富裕的社会，共产主义社会的基本特征昭示着共同富裕的基本要求。社会生产力高度发达，劳动生产率极大提高，社会产品极大丰富，意味着社会物质文明的高度发展、社会总产品的充裕和物质财富的富足；人人都具有高度的共产主义思想觉悟和道德品质，意味着社会精神文明的高度发达和精神财富的富有。

共同富裕是未来社会的发展目标。未来社会实行生产资料的社会所有制，内含着实现全人类共同富裕的目标和要求；未来社会把实现全人类的共同富裕作为人类社会发展的最终目标，即实现共产主义。^①衡量富裕的尺度包括人人享有充分的可自由支配的时间、真正的充分的自由。马克思、恩格斯关于未来社会的设想，蕴含着共同富裕的发展目标。在《1857—1858 年经济学手稿》中，马克思明确在新的社会制度中，社会生产将以所有人的富裕为目的。他指出："一方面，社会的个人的需要将成为必要劳动时间的尺度，另一方面，社会生产力的发展将如此迅速，以致尽管生产将以所有的人富裕为目的，所有的人的可以自由支配的时间还是会增加。因为真正的财富就是所有个人的发达的生产力。那时，财富的尺度决不再是劳动时间，而是可以自由支配的时间。"^②恩格斯指出："我们的目的是要建立社会主义制度，这种制度将给所有的人提供健康而有益的工作，给所有的人提供充裕的物质生活和闲暇时间，给所有的人提供真正的充分的自由。"^③马克思、恩格斯在《共产党宣言》中明确指出："在共产主义社会里，已经积累起来的劳动只是扩大、丰富和提高工人的生活的一种手段。"^④列宁明确指出，社会主义社会是全体劳动者共同富裕的社会。"我们要争取新的、更

① 马纯红：《毛泽东共同富裕思想的渊源及其实践探索》，《毛泽东研究》2016 年第 4 期。
② 《马克思恩格斯全集》（第 46 卷下），人民出版社 1980 年版，第 222 页。
③ 《马克思恩格斯全集》（第 28 卷），人民出版社 2018 年版，第 652 页。
④ 《马克思恩格斯文集》（第 2 卷），人民出版社 2009 年版，第 46 页。

好的社会制度：在这个新的、更好的社会里不应该有穷有富，大家都应该做工。共同劳动的成果不应该归一小撮富人享受，应该归全体劳动者享受。……这个新的、更好的社会就叫社会主义社会。"①针对某些人在贫穷和富裕问题上的许多糊涂观念和混乱思想，斯大林明确指出："社会主义不是要大家贫困，而是要消灭贫困，为社会全体成员建立富裕的和文明的生活。"②

（二）共同富裕的制度前提

生产资料的社会所有制是共同富裕的制度前提。马克思、恩格斯揭露了资本主义剥削的秘密，批判了私有制，阐明只有消灭私有制，建立生产资料的社会所有制，才能消灭剥削、消除贫富分化、消灭阶级，才能实现共同富裕。

马克思、恩格斯揭示了资本主义剥削的秘密。为了维护资产阶级的统治，新兴的资产阶级和学者编造种种谬论，用伪善的言词掩盖资本家剥削工人的事实。马克思、恩格斯通过对资本主义社会经济运动规律的研究，创立了剩余价值理论，深刻揭露了资本主义生产关系的剥削本质，发现了资本家发家致富的秘密，这就是榨取工人的剩余劳动、剩余价值，从而揭露了资本家所言——是他们养活了工人群众的鬼话，揭露了资本家剥削工人的历史事实，揭示了工

① 《列宁全集》（第7卷），人民出版社2013年版，第112页。
② 《斯大林选集》（下），人民出版社1979年版，第337页。

人贫困的真正事实和原因。马克思、恩格斯在《共产党宣言》中指出："现代的资产阶级私有制是建立在阶级对立上面、建立在一些人对另一些人的剥削上面的产品生产和占有的最后而又最完备的表现。"①

马克思、恩格斯揭示了私有制是社会不平等的根源。马克思、恩格斯认为，私有制是造成资本主义罪恶和社会不平等等一切问题的根源。恩格斯指出："在人类发展的以前一切阶段上，生产还很不发达，以致历史的发展只能在这种对立形式中进行，历史的进步整个说来只是成了极少数特权者的事，广大群众则注定要终生从事劳动，为自己生产微薄的必要生活资料，同时还要为特权者生产日益丰富的生活资料。"② 在奴隶社会、封建社会、资本主义社会等生产资料私有制的阶级社会，生产资料的占有者依靠剥削占有没有生产资料者的劳动，阶级剥削和阶级压迫是普遍现象和共同特征，必然出现贫富差距、两极分化和阶级分化，不可能实现全体社会成员的共同富裕。可以说，私有制与阶级剥削、贫富分化相伴而生，是阶级社会的共性，都不可能实现共同富裕。

从人类社会发展史看，奴隶社会取代原始社会并确立生产资料私有制，封建社会取代奴隶社会、资本主义社会取代封建社会，只

---

① 《马克思恩格斯文集》（第 2 卷），人民出版社 2009 年版，第 45 页。
② 《马克思恩格斯文集》（第 3 卷），人民出版社 2009 年版，第 459 页。

是用一种私有制取代另一种私有制。资本主义制度取代封建制度是
人类社会的重大历史进步，进一步促进了生产关系的发展和进步，
极大地促进了生产力的发展。但是，建立在生产资料私有制基础上
的资本主义制度，并没有改变其剥削制度的本质，只是用新的阶级
统治、新的压迫手段、新的斗争方式代替旧有的形式、手段和方式，
只是用一种剥削制度取代了另一种剥削制度，并没有改变广大劳动
人民政治上受奴役和压迫、经济上受剥削的命运。为了消除社会不
平等的根源，恩格斯指出："废除私有制甚至是工业发展必然引起的
改造整个社会制度的最简明扼要的概括。"① 马克思、恩格斯在《共
产党宣言》中强调："共产党人可以把自己的理论概括为一句话：消
灭私有制。"②

生产资料的社会所有制是共同富裕的制度基础。生产资料的社
会所有制即未来社会的所有制形态，是在生产高度社会化的基础上，
由全体劳动者直接占有己经社会化了的生产资料，实现全体劳动者
与生产资料的直接结合。建立在生产资料社会所有制基础上的社会
主义和共产主义社会由于废除了私有制，从而为实现共同富裕创造
了必要的前提条件。恩格斯指出："由社会全体成员组成的共同联合
体来共同地和有计划地利用生产力；把生产发展到能够满足所有人

①《马克思恩格斯文集》（第1卷），人民出版社 2009 年版，第 683 页。
②《马克思恩格斯文集》（第2卷），人民出版社 2009 年版，第 45 页。

的需要的规模；结束牺牲一些人的利益来满足另一些人的需要的状况；彻底消灭阶级和阶级对立；通过消除旧的分工，通过产业教育、变换工种、所有人共同享受大家创造出来的福利，通过城乡的融合，使社会全体成员的才能得到全面发展，——这就是废除私有制的主要结果。"① 共产主义社会是"一个集体的、以生产资料公有为基础的社会"，② 个人只是占有生活资料即个人的消费资料，消除凭借占有生产资料而剥削他人劳动成果的社会制度基础，从而能够消灭剥削制度和剥削阶级，消除贫富分化，实现共同富裕。列宁指出："在社会主义制度下，全体工人，全体中农，人人都能在决不掠夺他人劳动的情况下完全达到和保证达到富足的程度。"③

（三）共同富裕的实现路径

推翻资本主义社会制度，建立社会主义社会制度，走向共产主义社会制度是共同富裕的根本现实路径。从人类社会历史来看，只有未来社会才能实现共同富裕。如何走向未来社会，关乎共同富裕的实现路径。

一是建立社会主义制度。通过革命推翻资本主义制度，建立社会主义制度，从而建立生产资料的社会所有制，奠定共同富裕的制

---

① 《马克思恩格斯文集》（第 1 卷），人民出版社 2009 年版，第 689 页。
② 《马克思恩格斯文集》（第 3 卷），人民出版社 2009 年版，第 433 页。
③ 《列宁全集》（第 35 卷），人民出版社 2017 年版，第 470 页。

度环境。马克思、恩格斯在《共产党宣言》中指出:"无产阶级反对资产阶级的斗争首先是一国范围内的斗争。每一个国家的无产阶级当然首先应该打倒本国的资产阶级。"[①] 斗争的形式主要是无产阶级暴力革命,在无产阶级发展的最一般的阶段,无产阶级要"用暴力推翻资产阶级而建立自己的统治",[②] 因为"暴力是每一个孕育着新社会的旧社会的助产婆"[③]。马克思还强调:"社会主义不通过革命是不可能实现的。"[④] 列宁指出:"工人阶级要获得真正的解放,必须进行资本主义全部发展所准备起来的社会革命,即消灭生产资料私有制,把它们变成公有财产,组织由整个社会承担的社会主义的产品生产代替资本主义商品生产,以保证社会全体成员的充分福利和自由的全面发展。"

二是发展社会主义,走向共产主义社会。马克思在《哥达纲领批判》中阐述了未来共产主义社会发展阶段问题。马克思指出,资本主义社会经过无产阶级专政的过渡时期后进入共产主义社会,共产主义社会按发展程度可以划分为两个阶段,即共产主义社会第一阶段或低级阶段和共产主义社会第二阶段或高级阶段。共产主义社会第一阶段是指"经过长久阵痛刚刚从资本主义社会产生出来的"

---

①《马克思恩格斯文集》(第2卷),人民出版社2009年版,第43页。
②《马克思恩格斯文集》(第2卷),人民出版社2009年版,第43页。
③《马克思恩格斯全集》(第44卷),人民出版社2001年版,第861页。
④《马克思恩格斯全集》(第3卷),人民出版社2002年版,第395页。

阶段，高级阶段是指第一阶段之后的共产主义社会。也就是说，建立社会主义制度后，还要发展社会主义，逐步建立并完善共产主义社会制度，走向共产主义高级阶段，最终实现共同富裕。

（四）共同富裕的物质基础

社会生产力的高度发达、社会产品的极大丰富是共同富裕的物质基础。实现共同富裕要求既要分好蛋糕，更要做大蛋糕。没有高度发达的社会生产力，没有十分充裕的社会总产品，不可能实现共同富裕。马克思在《政治经济学批判导言》中指出："分配本身是生产的产物，不仅就对象说是如此，而且就形式说也是如此。就对象说，能分配的只是生产的成果。"[①] 马克思指出，没有生产力的巨大发展，"那就只会有贫困、极端贫困的普遍化；而在极端贫困的情况下必须重新开始争取必需品的斗争，全部陈腐污浊的东西又要死灰复燃"[②]。

未来社会共同富裕建立在资本主义所创造的生产力基础之上，并且要在新的社会条件下进一步解放和发展生产力，增加社会财富，为实现共同富裕奠定物质基础。马克思说："资产阶级历史时期负有为新世界创造物质基础的使命：一方面要造成以全人类互相依赖为

---

① 《马克思恩格斯文集》（第8卷），人民出版社2009年版，第19页。
② 刘先春、宋立文：《马克思主义共同富裕思想的历史发展研究》，《郑州轻工业学院学报》（社会科学版）2010年第1期。

基础的普遍交往，以及进行这种交往的工具；另一方面要发展人的生产力，把物质生产变成对自然力的科学支配。资产阶级的工业和商业正为新世界创造这些物质条件。"① 资本主义极大地促进了生产力的发展，创造了更加丰富的社会财富。马克思、恩格斯在《共产党宣言》中指出："资产阶级在它的不到一百年的阶级统治中所创造的生产力，比过去一切世代创造的全部生产力还要多，还要大。"② 未来社会生产要"以所有的人富裕为目的"，③ 进一步解放和发展生产力。未来社会是一种"在保证社会劳动生产力极高度发展的同时又保证每个生产者个人最全面的发展的这样一种经济形态"。④ 恩格斯在《反杜林论》中指出："通过社会化生产，不仅可能保证一切社会成员有富足的和一天比一天充裕的物质生活，而且还可能保证他们的体力和智力获得充分的自由的发展和运用。"⑤ 恩格斯在 1891 年还做了进一步阐发，指出在社会主义条件下，"通过有计划地利用和进一步发展一切社会成员的现有的巨大生产力，在人人都必须劳动的条件下，人人也都将同等地、愈益丰富地得到生活资料、享受资料、发展和表现一切体力和智力所需的资料"。⑥ 斯大林指出，社

---

① 《马克思恩格斯文集》（第 2 卷），人民出版社 2009 年版，第 691 页。
② 《马克思恩格斯文集》（第 2 卷），人民出版社 2009 年版，第 36 页。
③ 《马克思恩格斯全集》（第 46 卷下），人民出版社 1980 年版，第 222 页。
④ 《马克思恩格斯选集》（第 3 卷），人民出版社 2012 年版，第 730 页。
⑤ 《马克思恩格斯选集》（第 3 卷），人民出版社 2012 年版，第 814 页。
⑥ 《马克思恩格斯文集》（第 1 卷），人民出版社 2009 年版，第 709—710 页。

会主义"只有在高度的劳动生产率基础上，只有在比资本主义制度更高的劳动生产率基础上，只有在产品和各种消费品丰裕的基础上"①，才能使社会全体成员走向共同富裕之路。

（五）共同富裕的实现机制

按劳分配和按需分配分别是社会主义社会和共产主义社会的基本分配制度，是社会主义社会和共产主义社会共同富裕的实现机制。

马克思在《哥达纲领批判》中阐述了共产主义社会低级阶段和共产主义社会高级阶段的社会产品分配原则。共产主义社会第一阶段即低级阶段，在生产资料公有制基础上实行按劳分配的分配制度，按照劳动者的劳动量分配社会产品。这一阶段，"除了个人的消费资料，没有任何东西可以转为个人的财产"，②分配的社会产品是劳动产品即消费资料。马克思指出，从按劳分配的内容看，"同资本主义社会相反，个人的劳动不再经过迂回曲折的道路，而是直接作为总劳动的组成部分存在着"，"每一个生产者，在作了各项扣除以后，从社会领回的，正好是他给予社会的。他给予社会的，就是他个人的劳动量。"生产者之间消费资料的按劳分配遵照等价交换原则，"通行的是调节商品交换（就它是等价的交换而言）的同一原

---

① 《斯大林选集》（下卷），人民出版社 1979 年版，第 375—376 页。
② 《马克思恩格斯文集》（第 3 卷），人民出版社 2009 年版，第 434 页。

则"，"一种形式的一定量劳动同另一种形式的同量劳动相交换"。①
由于共产主义社会低级阶段"是刚刚从资本主义社会中产生出来的，
因此它在各方面，在经济、道德和精神方面都还带着它脱胎出来的
那个旧社会的痕迹。"②消费资料的这种等价交换原则和分配制度，
体现了劳动者之间的平等权利，但这种平等权利实质上还是一种资
产阶级权利。在这种平等权利下，劳动者由于个人天赋、工作能力、
家庭成员情况等不同，按劳分配导致的结果是劳动者个人消费资料
的占有量事实上是有差别的，"在提供的劳动相同，从而由社会消费
基金中分得的份额相同的条件下，某一个人事实上所得到的比另一
个人多些，也就比另一个人富些，如此等等"。③马克思指出："但是
这些弊病，在经过长久阵痛刚刚从资本主义社会产生出来的共产主
义社会第一阶段，是不可避免的。权利决不能超出社会的经济结构
以及由经济结构制约的社会的文化发展。"④也就是说，在这一阶段
的按劳分配原则下，消费品的分配只能实现形式公正，并不能保证
并实现社会成员同等富裕。

可以预见，随着共产主义社会的发展，在共产主义社会第二阶
段即高级阶段，社会生产力高度发达、社会产品极大丰富、三大差

①《马克思恩格斯文集》（第3卷），人民出版社2009年版，第434页。
②《马克思恩格斯文集》（第3卷），人民出版社2009年版，第434页。
③《马克思恩格斯文集》（第3卷），人民出版社2009年版，第435页。
④《马克思恩格斯文集》（第3卷），人民出版社2009年版，第435页。

别消灭、人们具有高度的共产主义思想觉悟和道德品质，实行各尽所能、按需分配的分配制度。在《哥达纲领批判》中，马克思阐明了进入共产主义社会高级阶段的基本条件及其分配制度："在迫使个人奴隶般地服从分工的情形已经消失，从而脑力劳动和体力劳动的对立也随之消失之后；在劳动已经不仅仅是谋生的手段，而且本身成了生活的第一需要之后；在随着个人的全面发展，他们的生产力也增长起来，而集体财富的一切源泉都充分涌流之后，——只有在那个时候，才能完全超出资产阶级权利的狭隘眼界，社会才能在自己的旗帜上写上：各尽所能，按需分配！"[1] 也就是说，人类社会发展到生产力高度发达的共产主义高级阶段，"原本意义上的物质财富分配和占有上的共同富裕，已经不再是人们追求的目标，而是已经实现的结果"。[2] 马克思关于共产主义社会两个发展阶段及其分配制度的思想，指出了共产主义社会不断发展进化的过程，在这一过程中，共同富裕既是人们追求的目标，也是持续推进的过程，还是目标达成后的理想状态。

---

[1]《马克思恩格斯文集》（第3卷），人民出版社2009年版，第435—436页。
[2] 邱海平：《马克思主义关于共同富裕的理论及其现实意义》，《思想理论教育导刊》2016年第7期。

第二节　中国共产党人的共同富裕思想

团结带领全体人民实现共同富裕是中国共产党的重要使命，是中国共产党始终不渝的奋斗目标。中国共产党人继承和发展马克思主义经典作家的共同富裕思想，在探索和推进共同富裕的实践中，提出了关于共同富裕的思想观点和战略设想，初步形成了系统的社会主义初级阶段的共同富裕思想，既丰富和发展了马克思主义经典作家的共同富裕思想，又为中国推进共同富裕提供了理论指引。

一、新中国成立后中国共产党人的共同富裕思想

新中国成立后，以毛泽东同志为主要代表的中国共产党人，把马克思列宁主义基本原理同中国具体实际相结合，把国家富强、人民富裕作为党的重要奋斗目标，提出在中国推进共同富裕的重大课题，明确提出共同富裕的发展目标、基本内涵和实现路径。

（一）提出共同富裕的发展目标：使全体农村人民共同富裕起来

受中国传统文化的影响，青年时代的毛泽东即有追求儒家大同社会的理想抱负。在马克思列宁主义传入中国后，随着对马克思列宁主义的接触和深入了解，毛泽东同志把马克思列宁主义基本原理同中国具体实际相结合，提出一系列关于共同富裕的重要论述。

1925年，毛泽东同志在《〈政治周报〉发刊理由》中指出："为什么要革命？为了使中华民族得到解放，为了实现人民的统治，为了使人民得到经济的幸福。"[①]1943年，毛泽东同志在谈到合作社时指出，几千年来，以一家一户为生产单位的分散的个体生产使农民陷于永远的穷苦，而合作社是人民群众"由穷苦变富裕的必由之路"，[②]指出合作社在农民走向富裕中的组织功能和作用。1953年12月，中共中央通过的《关于发展农业生产合作社的决议》指出，党在农村中工作的任务和目标是"使农民能够逐步完全摆脱贫困的状况而取得共同富裕和普遍繁荣的生活"，[③]提出了农民共同富裕的基本目标。1955年7月，在省委、市委、自治区党委书记会议上，毛泽东同志明确提出共同富裕的概念和发展目标。在《关于农业合作化问题》的报告中，毛泽东同志指出："在逐步地实现社会主义工业化和逐步地实现对于手工业、对于资本主义工商业的社会主义改造的同时，逐步地实现对于整个农业的社会主义的改造，即实行合作化，在农村中消灭富农经济制度和个体经济制度，使全体农村人民共同富裕起来。"[④]明确提出了通过社会主义改造，使全体人民共同富裕

---

① 《毛泽东文集》（第1卷），人民出版社1993年版，第21页。
② 《毛泽东选集》（第3卷），人民出版社1991年版，第932页。
③ 中共中央文献研究室编：《建国以来重要文献选编》（第4册），中央文献出版社2011年版，第569—570页。
④ 《毛泽东文集》（第6卷），人民出版社1999年版，第437页。

的思想，提出了共同富裕的发展目标。

（二）明确共同富裕的基本内涵

共同富裕是全体人民共同富裕，是包括城市和农村居民的共同富裕，是包括各地区各民族人民的共同富裕，是包括物质富裕和精神富裕的共同富裕。

1955年，毛泽东同志在资本主义工商业社会主义改造问题座谈会上指出，我国所要实行的社会主义制度和推行的五年计划，"是可以一年一年走向更富更强的，一年一年可以看到更富更强些。而这个富，是共同的富，这个强，是共同的强，大家都有份……这种共同富裕，是有把握的，不是今天不晓得明天的事"。[①]毛泽东同志在发展经济、改善人民生活和实现共同富裕上注重城乡间、地区间的相对平衡，还十分重视民族地区的经济发展，他指出："少数民族居住的地方比汉族居住的地方面积要宽，那里蕴藏着的各种物质财富多得很。我们国民经济没有少数民族的经济是不行的。"在城市和农村的共同富裕问题上，毛泽东同志强调要相对平衡，他指出："从现在起，我们就要注意这个问题。要防止这一点，就要使农村的生活水平和城市的生活水平大致一样，或者还好一些。"[②]

[①]《毛泽东文集》（第6卷），人民出版社1999年版，第495—496页。
[②]《毛泽东文集》（第8卷），人民出版社1999年版，第128页。

（三）提出共同富裕的实现路径

1. 实现农民共同富裕，必须引导农民走合作化道路，走社会主义道路

引导农民联合起来，发展集体经济，走合作化道路，能够避免农民两极分化，带领全体农民走向共同富裕。1943 年，毛泽东同志在中共中央招待陕甘宁边区劳动英雄大会上指出："几千年来都是个体经济，一家一户就是一个生产单位，这种分散的个体生产，就是封建统治的经济基础，而使农民陷于永远的穷苦。克服这种状况的唯一办法，就是逐渐地集体化；而达到集体化的唯一道路，依据列宁所说，就是经过合作社"，强调"这是人民群众得到解放的必由之路，由穷苦变富裕的必由之路"。[①] 对于如何避免农民两极分化，实现全体农民共同富裕，毛泽东同志主张引导农民联合起来，走农业合作化道路，最终走向农业集体化或社会主义。毛泽东同志指出："农业的集体化，提供了农业发展的极大可能性，提供了农民群众共同富裕的可能性。"[②]1951 年，由毛泽东同志主持制定的《中共中央关于农业生产互助合作的决议（草案）》明确指出："要克服很多农民在分散经营中所发生的困难，要使广大贫困的农民能够迅速地增

①《毛泽东选集》（第 3 卷），人民出版社 1991 年版，第 932 页。
② 中共中央文献研究室编：《建国以来重要文献选编》（第 15 册），中央文献出版社 1997 年版，第 613 页。

加生产而走上丰衣足食的道路，……就必须提倡'组织起来'，按照自愿和互利的原则，发展农民劳动互助的积极性。这种劳动互助是建立在个体经济基础上（农民私有财产的基础上）的集体劳动，其发展前途就是农业集体化或社会主义化。"[1]1953 年，中共中央发布由毛泽东同志主持制定的《关于发展农业生产合作社的决议》，提出引导农民群众逐步联合组织起来，"逐步实行农业的社会主义改造，使农业能够由落后的小规模生产的个体经济变为先进的大规模生产的合作经济，以便逐步克服工业和农业这两个经济部门发展不相适应的矛盾，并使农民能够逐步完全摆脱贫困的状况而取得共同富裕和普遍繁荣的生活"。[2] 毛泽东同志指出："只要合作化了，全体农村人民会要一年一年地富裕起来。"[3] 实现了合作化以后，"农民这个阶级还是有的，但他们也变了，不再是个体私有制的农民，而变成合作社集体所有制的农民了。这种共同富裕，是有把握的，不是今天不晓得明天的事"。[4] 毛泽东同志强调，农民走农业合作化道路，才能避免农村两极分化。合作社可以帮扶、带动农村弱势群体走向共同富裕。毛泽东同志指出："大合作社也可使得农民不必出租土地

① 中共中央文献研究室编：《建国以来重要文献选编》（第 2 册），中央文献出版社 1992 年版，第 511 页。
② 中共中央文献研究室编：《建国以来重要文献选编》（第 4 册），中央文献出版社 2011 年版，第 569—570 页。
③《毛泽东选集》（第 5 卷），人民出版社 1977 年版，第 197 页。
④《毛泽东文集》（第 6 卷），人民出版社 1999 年版，第 496 页。

了，一二百户的大合作社带几户鳏寡孤独，问题就解决了。小合作社是否也能带一点，应加研究。互助组也要帮助鳏寡孤独。"①

走社会主义道路，是实现共同富裕的制度保证，具有更快走向富裕的制度优势。毛泽东同志指出，与资本主义相比较，社会主义更有利于促进生产力的发展，"资本主义道路，也可增产，但时间要长，而且是痛苦的道路"。②1953 年，毛泽东同志在经他修改和审定的《为动员一切力量把我国建设成为一个伟大的社会主义国家而斗争——关于党在过渡时期总路线的学习和宣传提纲》中强调："社会主义的道路才是全体农民富裕和生产迅速发展的光明大道。"③1955年 7 月，毛泽东同志在《关于农业合作化问题》的报告中明确指出，农民要实现共同富裕，只有走社会主义道路，"对于他们来说，除了社会主义，再无别的出路。……全国大多数农民，为了摆脱贫困，改善生活，为了抵御灾荒，只有联合起来，向社会主义大道前进，才能达到目的"。④1955 年，毛泽东同志指出："要巩固工农联盟，我们就得领导农民走社会主义道路，使农民群众共同富裕起来，穷的要富裕，所有农民都要富裕，并且富裕的程度要大大地超过现

①《建国以来毛泽东文稿》（第 4 册），中央文献出版社 1993 年版，第 869 页。
②《毛泽东文集》（第 6 卷），人民出版社 1999 年版，第 299 页。
③ 中共中央文献研究室编：《建国以来重要文献选编》（第 4 册），中央文献出版社 1993 年版，第 721 页。
④《毛泽东文集》（第 6 卷），人民出版社 1999 年版，第 429 页。

在的富裕农民。"①

2. 实现共同富裕，必须解放和发展社会生产力

实现农民共同富裕，要变革生产关系以解放和发展社会生产力，要把解放和发展社会生产力作为检验实践成效的标准和实现共同富裕的重要途径。

首先，革命是为了变革生产关系，是为了解放生产力。新民主主义革命实现了生产关系的变革，从而解放了生产力。1945 年，毛泽东同志在党的七大上作的《论联合政府》报告中指出，没有一个独立、自由、民主和统一的中国，不可能发展工业。"废止国民党一党专政，成立民主的统一的联合政府，使全国军队成为人民的武力，实现土地改革，解放农民，这是谋自由、民主和统一。"② 他指出，在新民主主义的政治条件获得之后，将"解放中国人民的生产力，使之获得充分发展的可能性"。③1956 年 1 月，毛泽东同志在最高国务会议第六次会议上进一步明确指出："社会主义革命的目的是为了解放生产力"，随着社会主义三大改造的完成，"必然使生产力大大地获得解放。这样就为大大地发展工业和农业的生产创造了社

---

① 中共中央文献研究室编：《建国以来重要文献选编》（第 7 册），中央文献出版社 2011 年版，第 261 页。
② 《毛泽东选集》（第 3 卷），人民出版社 1991 年版，第 1080 页。
③ 《毛泽东选集》（第 3 卷），人民出版社 1991 年版，第 1081 页。

会条件。"① "所谓社会主义生产关系比较旧时代生产关系更能够适合生产力的发展的性质,就是指能够容许生产力以旧社会所没有的速度迅速发展,因而生产不断扩大,因而使人民不断增长的需要能够逐步得到满足的这样一种情况。"②

其次,解放和发展社会生产力是检验实践成效的根本标准。1945 年,毛泽东同志在党的七大上作的《论联合政府》报告中提出了检验政策及其实践的生产力标准,他指出:"中国一切政党的政策及其实践在中国人民中所表现的作用的好坏、大小,归根到底,看它对于中国人民的生产力的发展是否有帮助及其帮助之大小,看它是束缚生产力的,还是解放生产力的。"③1953 年,毛泽东同志主持制定的《关于发展农业生产合作社的决议》指出:"增加生产量,增加社员收入,从而使农民能够把农业生产合作社的经济繁荣看成是不断增进自己物质与文化的幸福的主要源泉,这是办好农业生产合作社的根本标志。"在推进农业合作化的过程中,毛泽东同志将生产力标准作为检验合作社是否健全的尺度,他指出:"一切合作社,都要以是否增产和增产的程度,作为检验自己是否健全的主要的标准。"④

---

① 《毛泽东文选》(第 7 卷),人民出版社 1999 年版,第 1 页。
② 《毛泽东文选》(第 7 卷),人民出版社 1999 年版,第 214 页。
③ 《毛泽东选集》(第 3 卷),人民出版社 1991 年版,第 1079 页。
④ 《毛泽东文集》(第 6 卷),人民出版社 1999 年版,第 449 页。

最后，在新的生产关系下面保护和发展生产力是我们的根本任务。1957 年，毛泽东同志在《关于正确处理人民内部矛盾的问题》的重要讲话中指出："从一九五六年以来，情况就根本改变了。……我们的根本任务已经由解放生产力变为在新的生产关系下面保护和发展生产力。"① 同时，毛泽东同志提出，当前的任务是"团结全国各族人民进行一场新的战争——向自然界开战，发展我们的经济，发展我们的文化"。② 在如何解放和发展生产力上，毛泽东同志除了重视变革生产关系外，还注重发挥科学技术和政治思想工作的作用。1963 年，毛泽东同志在同聂荣臻谈话时说："过去我们打的是上层建筑的仗，是建立人民政权、人民军队。建立这些上层建筑干什么呢？就是要搞生产。搞上层建筑、搞生产关系的目的就是解放生产力。""不搞科学技术，生产力无法提高。""科学技术这一仗，一定要打，而且必须打好。"③ "提高劳动生产率，一靠物质技术，二靠文化教育，三靠政治思想工作。后两者都是精神作用。"④

3. 实现共同富裕，必须实现国家的工业化和现代化

国家富强是人民富裕的基础和保障。实现共同富裕，就要实现国家的工业化和现代化，把我国建设成为四个现代化的社会主义强

①《毛泽东文集》（第 7 卷），人民出版社 1999 年版，第 218 页。
②《毛泽东文集》（第 7 卷），人民出版社 1999 年版，第 216 页。
③《毛泽东文集》（第 8 卷），人民出版社 1999 年版，第 351 页。
④《毛泽东文集》（第 8 卷），人民出版社 1999 年版，第 124—125 页。

国。1945 年，毛泽东同志在党的七大上作的《论联合政府》报告中指出："没有工业，便没有巩固的国防，便没有人民的福利，便没有国家的富强。"[①]"在新民主主义的政治条件获得之后，中国人民及其政府必须采取切实的步骤，在若干年内逐步地建立重工业和轻工业，使中国由农业国变为工业国。"[②]1954 年 9 月，毛泽东同志在一届全国人大一次会议上致开幕词时指出，准备在几个五年计划之内，"将我们现在这样一个经济上文化上落后的国家，建设成为一个工业化的具有高度现代文化程度的伟大的国家。"[③]同年，周恩来在《政府工作报告》中提出"建设起强大的现代化的工业、现代化的农业、现代化的交通运输业和现代化的国防"。1955 年，毛泽东同志在资本主义工商业社会主义改造问题座谈会上指出："我国是个大国，但不是富国，也不是强国。……我们还是一个农业国。在农业国的基础上，是谈不上什么强的，也谈不上什么富的。"[④]毛泽东同志明确指出："我们共产党是要努力于中国的工业化的。"[⑤]在党的八大的开幕词中，毛泽东同志明确提出："要把一个落后的农业的中国改变成为一个先进的工业化的中国。"[⑥]1959 年 12 月至 1960 年 2 月，毛

---

① 《毛泽东选集》（第 3 卷），人民出版社 1991 年版，第 1080 页。
② 《毛泽东选集》（第 3 卷），人民出版社 1991 年版，第 1081 页。
③ 《毛泽东文集》（第 6 卷），人民出版社 1999 年版，第 350 页。
④ 《毛泽东文集》（第 6 卷），人民出版社 1999 年版，第 495 页。
⑤ 《毛泽东文集》（第 3 卷），人民出版社 1996 年版，第 146 页。
⑥ 《毛泽东文集》（第 7 卷），人民出版社 1999 年版，第 117 页。

泽东同志在研读苏联《政治经济学（教科书）》的谈话中明确指出：
"建设社会主义，原来要求是工业现代化，农业现代化，科学文化
现代化，现在要加上国防现代化。" 1964 年，三届全国人大一次会
议提出："我们今后发展国民经济的主要任务，总的说来，就是要在
不太长的历史时期内，把我国建设成为一个具有现代农业、现代工
业、现代国防和现代科学技术的社会主义强国，赶上和超过世界先
进水平。"

4. 实现共同富裕和建设社会主义现代化强国的战略设想

实现四个现代化和建设社会主义强国是实现共同富裕目标的基
础。在经济社会相对落后的中国实现共同富裕和建设社会主义强国
是一个渐进的、长期的过程。关于提高人民生活水平，毛泽东同志
认为需要几十年时间。毛泽东同志在《关于正确处理人民内部矛盾
的问题》中指出："我们准备在几年内……使农业得到发展，使合作
社得到巩固……使农村中没有了贫农，使全体农民达到中农和中农
以上的生活水平。" 同时，"要有几十年时间，经过艰苦的努力，才
能将全体人民的生活水平逐步提高起来。"[1] 关于实现国家的工业化，
毛泽东同志认为可以"在大约三个五年计划"的时间内完成。1952
年底，我国制定了包括基本实现工业化在内的"一化三改"的过渡

---

[1]《毛泽东文集》（第 7 卷），人民出版社 1999 年版，第 221 页。

时期的总路线和总任务。1955 年，毛泽东同志在中国共产党全国代表会议上指出："这个总路线就是在大约三个五年计划的期间内，逐步实现国家的社会主义工业化，同时对于农业、手工业和资本主义工商业逐步实现社会主义改造，以求达到在我国建成社会主义社会的目的。"① 随着社会主义实践发展，毛泽东同志认为实现共同富裕和建设社会主义强国，需要 100 年甚至 100 多年的时间。"在我们这样一个大国里面，情况是复杂的，国民经济原来又很落后，要建成社会主义社会，并不是轻而易举的事。我们可能经过三个五年计划建成社会主义社会，但要建成为一个强大的高度社会主义工业化的国家，就需要有几十年的艰苦努力，比如说，要有五十年的时间，即本世纪的整个下半世纪。"② 在中国建设强大的社会主义经济，"五十年不行，会要一百年，或者更多的时间"，"我估计要花一百多年"。③

毛泽东同志关于共同富裕的发展目标、基本内涵和实践路径等的重要论述，是对马克思主义经典作家共同富裕思想的继承和发展，为新中国成立后我国探索共同富裕道路提供了理论指引，为改革开放后中国探索共同富裕道路提供了理论准备。

---

① 《毛泽东文集》（第 6 卷），人民出版社 1999 年版，第 389 页。
② 《毛泽东文集》（第 6 卷），人民出版社 1999 年版，第 390 页。
③ 《毛泽东文集》（第 8 卷），人民出版社 1999 年版，第 301 页。

二、党的十一届三中全会以后中国共产党人的共同富裕思想

党的十一届三中全会以后，以邓小平同志为主要代表的中国共产党人守正创新，继承和发展了毛泽东同志关于共同富裕重要论述的基本精神和核心要义，明确提出共同富裕是社会主义发展的目的，是全体人民物质和精神上的共同富裕，要解放和发展生产力，通过先富带后富走向共同富裕，提出了中国化的共同富裕具体路径。

（一）社会主义发展的最终目标是共同富裕

共同富裕是社会主义发展的目标，是社会主义最大的优越性，体现了社会主义本质。邓小平同志多次谈到共同富裕，强调社会主义发展目的是共同富裕。一是贫穷不是社会主义。1982年，针对"宁要贫穷的社会主义和共产主义，不要富裕的资本主义"的观点，邓小平同志严厉批驳："国家这么大，这么穷，不努力发展生产，日子怎么过？我们人民的生活如此困难，怎么体现出社会主义的优越性？"[1] 1984年，邓小平同志旗帜鲜明地指出："社会主义要消灭贫穷。贫穷不是社会主义，更不是共产主义。"[2] 二是社会主义的目标是共同富裕。邓小平同志明确指出："走社会主义道路，就是要逐步

---

[1]《邓小平文选》（第3卷），人民出版社1993年版，第10页。
[2]《邓小平文选》（第3卷），人民出版社1993年版，第63、64页。

实现共同富裕。"① "社会主义的目的就是要全国人民共同富裕","一个公有制占主体,一个共同富裕,这是我们所必须坚持的社会主义的根本原则。"② "我们坚持走社会主义道路,根本目标是实现共同富裕。"③ 三是共同富裕体现了社会主义的本质。邓小平同志指出:"社会主义最大的优越性就是共同富裕,这是体现社会主义本质的一个东西。"④ 1992 年,邓小平同志在南方谈话中指出:"社会主义的本质,是解放生产力,发展生产力,消灭剥削,消除两极分化,最终达到共同富裕。"⑤

（二）共同富裕是人民共同富裕

共同富裕是人民共同富裕,是物质和精神上的共同富裕。邓小平同志明确指出:"社会主义不是少数人富起来、大多数人穷,不是那个样子。"⑥ "社会主义的特点不是穷,而是富,但这种富是人民共同富裕。"⑦ 在答美国记者迈克·华莱士问的谈话中,邓小平同志指出:"致富不是罪过。但我们讲的致富不是你们讲的致富。社会主义财富属于人民,社会主义的致富是全民共同致富。社会主义原则,

① 《邓小平文选》（第 3 卷）,人民出版社 1993 年版,第 373 页。
② 《邓小平文选》（第 3 卷）,人民出版社 1993 年版,第 110、111 页。
③ 《邓小平文选》（第 3 卷）,人民出版社 1993 年版,第 155 页。
④ 《邓小平文选》（第 3 卷）,人民出版社 1993 年版,第 364 页。
⑤ 《邓小平文选》（第 3 卷）,人民出版社 1993 年版,第 373 页。
⑥ 《邓小平文选》（第 3 卷）,人民出版社 1993 年版,第 364 页。
⑦ 《邓小平文选》（第 3 卷）,人民出版社 1993 年版,第 265 页。

第一是发展生产，第二是共同致富。"①邓小平同志还多次提出既要发展高度的物质文明，又要发展高度的精神文明。邓小平同志指出："我们要建设的社会主义国家，不但要有高度的物质文明，而且要有高度的精神文明。所谓精神文明，不但是指教育、科学、文化（这是完全必要的），而且是指共产主义的思想、理想、信念、道德、纪律，革命的立场和原则，人与人的同志式关系，等等。"②强调社会主义的共同富裕，既要实现物质上的富裕，也要实现精神上的富裕。

（三）确立中国化的共同富裕路径

1. 实现共同富裕，必须走社会主义道路

只有社会主义，才能实现共同富裕。邓小平同志指出，走资本主义道路，只能实现少数人富裕，走社会主义道路，才能实现共同富裕。1985 年，邓小平同志指出："社会主义与资本主义不同的特点就是共同富裕，不搞两极分化。创造的财富，第一归国家，第二归人民，不会产生新的资产阶级。"③1987 年，邓小平同志明确指出："这个历史告诉我们，中国走资本主义道路不行，中国除了走社会主义道路没有别的道路可走。一旦中国抛弃社会主义，就要回到半殖民地半封建社会，不要说实现'小康'，就连温饱也没有保

---

①《邓小平文选》（第 3 卷），人民出版社 1993 年版，第 172 页。
②《邓小平文选》（第 2 卷），人民出版社 1994 年版，第 367 页。
③《邓小平文选》（第 3 卷），人民出版社 1993 年版，第 123 页。

证。"①1987 年，邓小平同志深刻指出："中国根据自己经验，不可能走资本主义道路。道理很简单，中国十亿人口，现在还处于落后状态，如果走资本主义道路，可能在某些局部地区少数人更快地富裕起来，形成一个新的资产阶级，产生一批百万富翁，但顶多也不会达到人口的百分之一，而大量的人仍摆脱不了贫穷，甚至连温饱问题都不能解决。只有社会主义制度才能从根本上解决摆脱贫穷的问题。"②1990 年，邓小平同志再次强调："只有社会主义，才能有凝聚力，才能解决大家的困难，才能避免两极分化，逐步实现共同富裕。"③

2. 实现共同富裕，必须大力发展生产力

大力发展生产力是体现社会主义优越性的需要，是战胜资本主义的需要。1982 年，邓小平同志指出："我们说，社会主义是共产主义的第一阶段。落后国家建设社会主义，在开始的一段很长时间内生产力水平不如发达的资本主义国家，不可能完全消灭贫穷。所以，社会主义必须大力发展生产力，逐步消灭贫穷，不断提高人民的生活水平。否则，社会主义怎么能战胜资本主义？到了第二阶段，即共产主义高级阶段，经济高度发展了，物资极大丰富了，才能做到

①《邓小平文选》（第 3 卷），人民出版社 1993 年版，第 206 页。
②《邓小平文选》（第 3 卷），人民出版社 1993 年版，第 207、208 页。
③《邓小平文选》（第 3 卷），人民出版社 1993 年版，第 357 页。

各尽所能，按需分配。不努力搞生产，经济如何发展？社会主义、共产主义的优越性如何体现？"①1984 年，邓小平同志强调："社会主义阶段的最根本任务就是发展生产力，社会主义的优越性归根到底要体现在它的生产力比资本主义发展得更快一些、更高一些，并且在发展生产力的基础上不断改善人民的物质文化生活。"②1985 年，邓小平同志指出："不发展生产力，不提高人民的生活水平，不能说是符合社会主义要求的。"③1988 年，邓小平同志再次强调："社会主义的根本任务是发展生产力，逐步摆脱贫穷，使国家富强起来，使人民生活得到改善。"④

3. 提出"三步走"的发展战略

在共同富裕的具体路径上，邓小平同志提出鼓励先富、先富带后富的共同富裕构想。明确提出允许、鼓励一部分地区、一部分人先富起来，带动和帮助其他地区、其他的人，逐步达到共同富裕。1978 年，邓小平同志明确提出："要允许一部分地区、一部分企业、一部分工人农民，由于辛勤努力成绩大而收入先多一些，生活先好起来。一部分人生活先好起来，就必然产生极大的示范力量，影响左邻右舍，带动其他地区、其他单位的人们向他们学习。这样，就

---

① 《邓小平文选》（第 3 卷），人民出版社 1993 年版，第 10 页。
② 《邓小平文选》（第 3 卷），人民出版社 1993 年版，第 63 页。
③ 《邓小平文选》（第 3 卷），人民出版社 1993 年版，第 116 页。
④ 《邓小平文选》（第 3 卷），人民出版社 1993 年版，第 264、265 页。

会使整个国民经济不断地波浪式地向前发展，使全国各族人民都能比较快地富裕起来。"[1]1985年，邓小平同志指出："一部分地区、一部分人可以先富起来，带动和帮助其他地区、其他的人，逐步达到共同富裕。"[2]1985年，邓小平同志指出："鼓励一部分地区、一部分人先富裕起来，也正是为了带动越来越多的人富裕起来，达到共同富裕的目的。"[3]"一部分地区发展快一点，带动大部分地区，这是加速发展、达到共同富裕的捷径。"[4]1992年，邓小平同志在谈到共同富裕的构想时再次指出："一部分地区有条件先发展起来，一部分地区发展慢点，先发展起来的地区带动后发展的地区，最终达到共同富裕。"[5]

在共同富裕的战略规划上，提出"三步走"的发展战略。具体来说，就是在解决温饱问题的基础上，先实现小康生活，再实现更高程度的现代化。关于共同富裕的"三步走"发展战略，邓小平同志多次谈到具体的时间规划和要求。1980年，邓小平同志指出："只要全国上下团结一致地、有秩序有步骤地前进，我们就能够更有信心经过二十年的时间，使我国现代化经济建设的发展达到小康水

①《邓小平文选》（第2卷），人民出版社1994年版，第152页。
②《邓小平文选》（第3卷），人民出版社1993年版，第149页。
③《邓小平文选》（第3卷），人民出版社1993年版，第142页。
④《邓小平文选》（第3卷），人民出版社1993年版，第166页。
⑤《邓小平文选》（第3卷），人民出版社1993年版，第374页。

平，然后继续前进，逐步达到更高程度的现代化。"①1984 年，邓小平同志指出："我们提出四个现代化的最低目标，是到本世纪末达到小康水平。……所谓小康，从国民生产总值来说，就是年人均达到八百美元。"②1985 年，邓小平同志指出："我们奋斗了几十年，就是为了消灭贫困。第一步，本世纪末，达到小康水平，就是不穷不富，日子比较好过的水平。第二步，再用三五十年的时间，在经济上接近发达国家的水平，使人民生活比较富裕。"③1987 年，党的十三大报告明确提出"三步走"战略部署：第一步，实现国民生产总值比1980 年翻一番，解决人民的温饱问题；第二步，到本世纪末，使国民生产总值再增长一倍，人民生活达到小康水平；第三步，到下个世纪中叶，人均国民生产总值达到中等发达国家水平，人民生活比较富裕，基本实现现代化。1988 年，邓小平同志强调："改革和开放是手段，目标是分三步走发展我们的经济。第一步是达到温饱水平，已经提前实现了。第二步是在本世纪末达到小康水平，还有十二年时间，看来可以实现。第三步是下个世纪再花五十年时间，达到中等发达国家水平，这是很不容易的。"④

在共同富裕的实现机制上，提出先富带动、帮助后富等构想和

①《邓小平文选》（第 2 卷），人民出版社 1994 年版，第 356 页。
②《邓小平文选》（第 3 卷），人民出版社 1993 年版，第 64 页。
③《邓小平文选》（第 3 卷），人民出版社 1993 年版，第 109 页。
④《邓小平文选》（第 3 卷），人民出版社 1993 年版，第 266 页。

具体机制。1988 年，邓小平同志提出"两个大局"的构想，他指出："沿海地区要加快对外开放，使这个拥有两亿人口的广大地带较快地先发展起来，从而带动内地更好地发展，这是一个事关大局的问题。内地要顾全这个大局。反过来，发展到一定的时候，又要求沿海拿出更多力量来帮助内地发展，这也是个大局。那时沿海也要服从这个大局。"①1992 年，邓小平同志提出："走社会主义道路，就是要逐步实现共同富裕。""社会主义制度就应该而且能够避免两极分化。解决的办法之一，就是先富起来的地区多交点利税，支持贫困地区的发展。""可以设想，在本世纪末达到小康水平的时候，就要突出地提出和解决这个问题。到那个时候，发达地区要继续发展，并通过多交利税和技术转让等方式大力支持不发达地区。"②

在共同富裕的保障机制上，强调坚持公有制占主体，强调坚持共同富裕的目标和原则。1985 年，邓小平同志指出："一个公有制占主体，一个共同富裕，这是我们所必须坚持的社会主义的根本原则。我们就是要坚决执行和实现这些社会主义的原则。从长远说，最终是过渡到共产主义。"③"我们在改革中坚持了两条，一条是公有制经济始终占主体地位，一条是发展经济要走共同富裕的道路，始终

①《邓小平文选》（第 3 卷），人民出版社 1993 年版，第 277、278 页。
②《邓小平文选》（第 3 卷），人民出版社 1993 年版，第 373、374 页。
③《邓小平文选》（第 3 卷），人民出版社 1993 年版，第 111 页。

避免两极分化。我们吸收外资，允许个体经济发展，不会影响以公有制经济为主体这一基本点。相反地，吸收外资也好，允许个体经济的存在和发展也好，归根到底，是要更有力地发展生产力，加强公有制经济。只要我国经济中公有制占主体地位，就可以避免两极分化。"①

在共同富裕的前进道路上，强调要避免两极分化。1985 年，邓小平同志指出："社会主义的目的就是要全国人民共同富裕，不是两极分化。如果我们的政策导致两极分化，我们就失败了；如果产生了什么新的资产阶级，那我们就真是走了邪路了。"②"如果搞两极分化，情况就不同了，民族矛盾、区域间矛盾、阶级矛盾都会发展，相应地中央和地方的矛盾也会发展，就可能出乱子。"③邓小平同志强调："在改革中，我们始终坚持两条根本原则，一是以社会主义公有制经济为主体，一是共同富裕。有计划地利用外资，发展一部分个体经济，都是服从于发展社会主义经济这个总要求的。"④"我们允许一些地区、一些人先富起来，是为了最终达到共同富裕，所以要防止两极分化。这就叫社会主义。"⑤在答美国记者迈克·华莱士问

---

①《邓小平文选》（第 3 卷），人民出版社 1993 年版，第 149 页。
②《邓小平文选》（第 3 卷），人民出版社 1993 年版，第 110—112 页。
③《邓小平文选》（第 3 卷），人民出版社 1993 年版，第 364 页。
④《邓小平文选》（第 3 卷），人民出版社 1993 年版，第 142 页。
⑤《邓小平文选》（第 3 卷），人民出版社 1993 年版，第 195 页。

时，邓小平同志指出："我们的政策是不使社会导致两极分化，就是说，不会导致富的越富，贫的越贫。坦率地说，我们不会容许产生新的资产阶级。"①

三、党的十三届四中全会以后中国共产党人的共同富裕思想

党的十三届四中全会以后，以江泽民同志为主要代表的中国共产党人继承和发展了毛泽东同志、邓小平同志关于共同富裕重要论述的基本精神和核心要义，进一步丰富了共同富裕的基本内涵，提出新"三步走"战略部署，推动区域经济协调发展的战略举措和效率优先、兼顾公平的分配原则等共同富裕的实现路径。

（一）坚持共同富裕的发展目标

共同富裕是社会主义的发展目标。江泽民同志坚持邓小平同志提出的社会主义本质论，强调共同富裕的发展目标和方向。江泽民同志指出："鸦片战争后，中国成为半殖民地半封建国家。中华民族面对着两大历史任务：一个是求得民族独立和人民解放；一个是实现国家繁荣富强和人民共同富裕。"②"实现共同富裕，是社会主义的

---

① 《邓小平文选》（第 3 卷），人民出版社 1993 年版，第 172 页。
② 《江泽民文选》（第 2 卷），人民出版社 2006 年版，第 2 页。

最大优越性，这个目标是不会改变的，是一定要实现的。"① "要以邓
小平同志关于让一部分地区一部分人先富起来、逐步实现共同富裕
的战略思想来统一全党的认识。实现共同富裕是社会主义的根本原
则和本质特征，绝不能动摇。"② 江泽民同志强调："贫穷不是社会主
义。一部分人富起来、一部分人长期贫困，也不是社会主义。"③

（二）进一步丰富共同富裕的基本内涵

在发展目标上，江泽民同志将共同富裕与社会全面发展与人的
全面发展联系起来，进一步丰富了共同富裕的基本内涵。一是在坚
持物质富裕和精神富裕发展目标的同时，将共同富裕与社会全面发
展进步联系起来，提出社会主义社会是全面发展的社会。江泽民同
志指出："人类社会发展的历史证明，一个民族，物质上不能贫困，
精神上也不能贫困，只有物质和精神都富有，才能成为一个有强大
生命力和凝聚力的民族。"④ "社会主义的优越性不仅表现在经济政治
方面，表现在能够创造出高度的物质文明上，而且表现在思想文化
方面，表现在能够创造出高度的精神文明上。贫穷不是社会主义；
精神生活空虚，社会风气败坏，也不是社会主义。"⑤ "社会主义不仅

---

① 《江泽民论有中国特色社会主义（专题摘编）》，中央文献出版社 2002 年版，第 164 页。
② 《江泽民文选》（第 1 卷），人民出版社 2006 年版，第 466 页。
③ 《江泽民文选》（第 1 卷），人民出版社 2006 年版，第 549 页。
④ 《江泽民论有中国特色社会主义（专题摘编）》，中央文献出版社 2002 年版，第 382 页。
⑤ 《江泽民论有中国特色社会主义（专题摘编）》，中央文献出版社 2002 年版，第 380 页。

要实现经济繁荣,而且要实现社会的全面进步。"①"社会主义社会作为人类历史上崭新的社会形态,是以经济建设为重点的全面进步的社会。经济、政治、文化协调发展,两个文明都搞好,才是有中国特色的社会主义。"②二是在坚持共同富裕的发展目标的同时,将社会全面发展与人的全面发展联系起来,提出社会主义社会要促进人民素质的提高,促进人的全面发展。江泽民同志指出:"我们建设有中国特色社会主义的各项事业,我们进行的一切工作,既要着眼于人民现实的物质文化生活需要,同时又要着眼于促进人民素质的提高,也就是要努力促进人的全面发展。这是马克思主义关于建设社会主义新社会的本质要求。我们要在发展社会主义社会物质文明和精神文明的基础上,不断推进人的全面发展。"③

（三）推进中国化的共同富裕实现路径

1. 在共同富裕的具体路径上,坚持鼓励先富、先富带后富的共同富裕道路

江泽民同志指出:"允许和鼓励一部分地区、一部分人通过诚实劳动和合法经营先富起来,带动和帮助其他地区和其他群众,最终达到全国各地区普遍繁荣和全体人民共同富裕,这是我们必须长期

---

① 《江泽民论有中国特色社会主义（专题摘编）》,中央文献出版社2002年版,第379页。
② 《江泽民论有中国特色社会主义（专题摘编）》,中央文献出版社2002年版,第383页。
③ 《江泽民论有中国特色社会主义（专题摘编）》,中央文献出版社2002年版,第383页。

坚持的一项大政策。它符合经济发展客观规律的要求，是社会主义优越性在经济上的重要体现。"①江泽民同志强调，平均主义不是社会主义，两极分化也不是社会主义。"要允许和鼓励一部分地区、一部分人先富起来，同时要坚持先富带动和帮助未富，最终实现全体人民共同富裕。"②

2. 在共同富裕的战略安排上，提出新"三步走"战略部署和全面建设小康社会的发展目标

首先，为推进第三步战略部署，1997 年，江泽民同志在党的十五大提出新"三步走"战略部署："第一个十年实现国民生产总值比 2000 年翻一番，使人民的小康生活更加宽裕，形成比较完善的社会主义市场经济体制；再经过十年的努力，到建党一百年时，使国民经济更加发展，各项制度更加完善；到世纪中叶建国一百年时，基本实现现代化，建成富强文明的社会主义国家。"③根据经济社会发展实际，党的十六大对新"三步走"战略部署的第二步提出更为具体的发展目标，明确提出国内生产总值到 2020 年力争比 2000 年翻两番，综合国力和国际竞争力明显增强。基本实现工业化。新"三步走"战略部署进一步细化了"三步走"战略第三步的

---

① 《江泽民文选》（第 2 卷），人民出版社 2006 年版，第 256 页。
② 《江泽民文选》（第 1 卷），人民出版社 2006 年版，第 405—406 页。
③ 《江泽民文选》（第 2 卷），人民出版社 2006 年版，第 4 页。

战略安排，使 21 世纪的发展战略更加明晰具体。其次，为巩固和提高小康水平，江泽民同志在党的十六大提出全面建设小康社会的奋斗目标："我们要在本世纪头二十年，集中力量，全面建设惠及十几亿人口的更高水平的小康社会，使经济更加发展、民主更加健全、科教更加进步、文化更加繁荣、社会更加和谐、人民生活更加殷实。"[1] 新"三步走"战略部署和全面建设小康社会的发展目标，进一步明确了共同富裕道路上新的阶段性目标。

3. 在共同富裕的战略举措上，推动区域经济协调发展

首先，要正确认识地区差距问题。江泽民同志指出："要用历史的辩证的观点认识和处理地区差距问题。一是要看到各个地区发展不平衡是一个长期的历史的现象。二是要高度重视和采取有效措施正确解决地区差距问题。三是解决地区差距问题需要一个过程。应该把缩小地区差距作为一条长期坚持的重要方针。"[2] 其次，要推动区域经济协调发展。1999 年 6 月 9 日，在中央扶贫开发工作会议上，江泽民同志明确指出："逐步缩小全国各地区之间的发展差距，实现全国经济社会协调发展，最终达到全体人民的共同富裕，是社会主义的本质要求。"[3] "解决地区发展差距，坚持区域经济协调发

①《江泽民文选》（第 3 卷），人民出版社 2006 年版，第 543 页。

②《江泽民文选》（第 1 卷），人民出版社 2006 年版，第 466 页。

③《江泽民文选》（第 2 卷），人民出版社 2006 年版，第 340 页。

展，是今后改革和发展的一项战略任务。"① 推进区域经济协调发展，一是中西部地区要加快改革开放，变资源优势为经济优势。江泽民同志指出："为了逐步实现共同富裕的目标，国家对中西部经济不发达地区采取积极扶持的政策。"②"中西部地区，要适应发展市场经济的要求，加快改革开放步伐，充分发挥资源优势，积极发展优势产业和产品，使资源优势逐步变为经济优势。"③ 二是东部地区要继续发挥优势、率先发展。江泽民同志指出："沿海地区有条件发展得快一点，应该抓住机遇继续加快发展。"④ 三是东部地区要积极帮助中西部地区发展。江泽民司志指出："沿海地区在加快发展的过程中也要大力支持中西部地区发展。"⑤"从人力、物力、财力上扶助内地贫困地区发展，坚持走共同富裕的道路。"⑥ 四是在推动区域经济协调发展的具体举措上，坚持浦东新区开发和西部大开发并举。1990年，党中央作出开发开放浦东的重大战略决策。1999年，江泽民同志在中央扶贫开发工作会议上明确指出："现在，加快中西部地区发展步伐的条件已经具备，时机已经成熟。"⑦ 同年，江泽民同志在西

① 《江泽民文选》（第1卷），人民出版社2006年版，第466页。
② 中共中央文献研究室编：《十四大以来重要文献选编》（中），人民出版社2001年版，第484页。
③ 中共中央文献研究室编：《十四大以来重要文献选编》（中），人民出版社2001年版，第456页。
④ 《江泽民文选》（第2卷），人民出版社2006年版，第562页。
⑤ 《江泽民文选》（第2卷），人民出版社2006年版，第562页。
⑥ 《江泽民文选》（第1卷），人民出版社2006年版，第379页。
⑦ 中共中央文献研究室编：《一五大以来重要文献选编》（中），人民出版社2001年版，第34页。

北五省区国有企业改革和发展座谈会上明确提出"西部大开发"的命题。2000年1月，国务院成立西部地区开发领导小组，研究部署推进西部地区开发。

4. 在共同富裕的总体保障上，坚持社会主义制度，坚持社会主义道路

江泽民同志指出："中国要强盛，中国人民要走向共同富裕，中华民族要实现伟大复兴，就必须始终坚持我们已经建立并正在不断完善的社会主义制度及其所决定的基本原则。"[①]"走社会主义道路，是近代以来中国历史发展的必然和中国各族人民的正确选择。想让中国放弃社会主义，回头走资本主义道路，这是完全错误，根本行不通的。"[②]"从本质上说，社会主义制度是比资本主义制度优越的社会制度。人类最终总要摆脱任何剥削阶级占统治地位的社会而进入崭新的社会主义社会，这是历史发展的必然。社会主义制度保证人民当家作主，坚持公有制为主体，解放和发展生产力，消灭剥削制度，消除两极分化，推动物质文明和精神文明协调发展，最终实现全体人民共同富裕。"[③]江泽民同志强调："如果新中国建立以后不走社会主义道路，不坚持人民民主专政，就不可能维护国家的统一

---

① 《江泽民文选》（第3卷），人民出版社2006年版，第220页。
② 《江泽民论有中国特色社会主义（专题摘编）》，中央文献出版社2002年版，第29页。
③ 《江泽民文选》（第3卷），人民出版社2006年版，第217页。

和民族的独立，不可能逐步实现人民共同富裕的愿望。"①

5. 在共同富裕的制度保障上，坚持和完善基本经济制度

江泽民同志指出："坚持以公有制为主体、多种经济成分共同发展，是建设有中国特色社会主义的一个重大方针。"②"只有确保公有制经济的主体地位，才能防止两极分化，实现共同富裕。"③"只有坚持以公有制为主体、多种经济成分共同发展的方针，才能充分调动社会各方面的积极性、使我们的经济建设和社会各项事业协调发展，才能体现效益原则、实现社会公平、促进共同富裕，才能保持社会稳定，也才能成功地建设有中国特色的社会主义。"④"我国处于并将长期处于社会主义初级阶段，必须坚持和完善社会主义公有制为主体、多种所有制经济共同发展的基本经济制度，这就要求坚持和完善按劳分配为主体、多种分配方式并存的分配制度。"⑤

6. 在共同富裕的保障机制上，坚持效率优先、兼顾公平的分配原则，坚持共同富裕的发展目标和方向

首先，要正确认识和对待收入差距问题。收入差距一定时期内难以避免，但不能任由差距扩大，要避免差距悬殊。江泽民同志指出："在社会主义初级阶段，社会成员之间收入存在一定程度的差

① 《江泽民文选》（第1卷），人民出版社2006年版，第67页。
② 《江泽民文选》（第1卷），人民出版社2006年版，第444—445页。
③ 《江泽民文选》（第1卷），人民出版社2006年版，第468页。
④ 《江泽民文选》（第1卷），人民出版社2006年版，第445页。
⑤ 《江泽民文选》（第2卷），人民出版社2006年版，第561页。

距，是难以避免的。但是，如果差距悬殊，而且任其扩大，就会造成多方面的严重后果。"① 其次，在共同富裕的保障机制上，既要坚持"效率优先、兼顾公平"的分配原则，又要坚持共同富裕的发展目标，防止两极分化。"在分配制度上，以按劳分配为主体，其他分配方式为补充，兼顾效率与公平。运用包括市场在内的各种调节手段，既鼓励先进，促进效率，合理拉开收入差距，又防止两极分化，逐步实现共同富裕。"② "要把按劳分配、劳动所得，同允许和鼓励资本、技术等生产要素参与收益分配结合起来，坚持效率优先、兼顾公平。"③ "既要克服平均主义，又要防止两极分化，逐步实现全体人民共同富裕。"④ 再次，要在发展经济的基础上，不断改善人民生活，提高人民收入。江泽民同志指出："一方面，我们要坚持效率优先、兼顾公平，这有利于优化资源配置，促进经济发展，保持社会稳定。另一方面，我们要随着经济的发展，不断改善广大工人、农民、知识分子和干部的生活，逐步实现共同富裕。"⑤ "要在发展经济的基础上，逐步增加城乡居民收入。"⑥ 最后，要调节收入分配。"要把调节个人收入分配、防止两极分化，作为全局性的大事来抓。要区分不

---

① 《江泽民文选》（第 1 卷），人民出版社 2006 年版，第 470 页。
② 《江泽民文选》（第 1 卷），人民出版社 2006 年版，第 227 页。
③ 《江泽民文选》（第 2 卷），人民出版社 2006 年版，第 256 页。
④ 《江泽民文选》（第 1 卷），人民出版社 2006 年版，第 153 页。
⑤ 《江泽民文选》（第 2 卷），人民出版社 2006 年版，第 561—562 页。
⑥ 《江泽民文选》（第 1 卷），人民出版社 2006 年版，第 470 页。

同情况，采取有针对性的措施，保护合法收入，取缔非法收入，调节过高收入，保障低收入者的基本生活。"①

四、党的十六大以后中国共产党人的共同富裕思想

党的十六大以后，以胡锦涛同志为主要代表的中国共产党人提出以人为本、全面协调可持续的科学发展观，坚持共同富裕的发展目标，进一步丰富共同富裕的基本内涵，坚持兼顾效率和公平的分配原则，提出区域发展总体战略，统筹城乡发展，推进社会主义新农村建设，建设小康社会、和谐社会，坚持和推进共同富裕的中国道路，坚持和发展党的共同富裕思想。

（一）坚持共同富裕的发展目标

胡锦涛同志多次强调要解放和发展生产力，最终实现共同富裕。一是明确提出改革开放和发展社会主义市场经济的根本目的是解放和发展生产力，最终实现共同富裕。胡锦涛同志指出："发展社会主义市场经济，根本目的是要解放和发展社会主义社会生产力，增强社会主义国家综合国力，提高人民生活水平，消灭剥削，消除两极分化，最终达到共同富裕。"②胡锦涛同志强调："我们实行改革开放，

---

① 《江泽民文选》（第1卷），人民出版社2006年版，第470页。
② 《胡锦涛文选》（第1卷），人民出版社2016年版，第57页。

建立社会主义市场经济体制，根本目的是要解放和发展社会生产力，增强社会主义国家综合国力，提高人民生活水平，最终实现共同富裕。"① 二是将社会主义现代化与共同富裕的发展目标联系起来，提出实现现代化基础上的共同富裕。胡锦涛同志指出："我们的奋斗目标是，再经过半个世纪努力，到建国一百年时，基本实现现代化，把祖国建成富强民主文明的社会主义国家。到那时，中国将进入世界中等发达国家行列，中国人民将达到现代化基础上的共同富裕，中华民族将实现伟大复兴。"②

（二）进一步丰富共同富裕的基本内涵

在全面建设小康社会进程中，深刻认识和回答了新形势下实现什么样的发展、怎样发展等重大问题，形成了科学发展观。科学发展观进一步丰富了共同富裕的基本内涵和发展要求。与以人为本、全面协调可持续的科学发展观相一致，胡锦涛同志在共同富裕的基本内涵和发展要求上，提出坚持以人为本，以实现人的全面发展为目标，关注人的多方面需求和全面发展，将共同富裕与人的全面发展联系起来；提出全面推进经济、政治、文化、社会建设，统筹城乡发展、区域发展、经济社会发展、人与自然和谐发展，从而将共同富裕的内涵和要求与建设社会主义物质文明、政治文明、精神文

①《胡锦涛文选》（第1卷），人民出版社2016年版，第86页。
②《胡锦涛文选》（第1卷），人民出版社2016年版，第322页。

明、社会文明联系起来，进一步扩展丰富了共同富裕的基本内涵和发展要求。胡锦涛同志指出："必须坚持以人为本……要始终把实现好、维护好、发展好最广大人民的根本利益作为党和国家一切工作的出发点和落脚点，尊重人民主体地位，发挥人民首创精神，保障人民各项权益，走共同富裕道路，促进人的全面发展，做到发展为了人民、发展依靠人民、发展成果由人民共享。"[1] "要以实现人的全面发展为目标，从人民群众的根本利益出发谋发展、促发展，不断满足人民群众日益增长的物质文化需要，切实保障人民群众经济、政治、文化权益，让发展的成果惠及全体人民。"[2] 科学发展观中包含着实现共同富裕的实际内容，共同富裕是科学发展观的核心目标。

（三）推进口国化的共同富裕实现路径

1. 在共同富裕的具体路径上，坚持先富带后富的共同富裕道路

首先，强调要坚持先富带后富的共同富裕道路。胡锦涛同志指出："坚持一部分地区、一部分人先富起来，逐步实现共同富裕。"[3] 其次，在明确共同富裕发展目标的同时，强调要避免两极分化。胡锦涛同志指出："坚持一部分人先富起来、逐步实现共同富裕，避免两极分化。"[4] 最后，强调要做好引导帮助扶持，促进农民和贫困地

---

[1]《胡锦涛文选》（第 2 卷），人民出版社 2016 年版，第 624 页。
[2]《胡锦涛文选》（第 2 卷），人民出版社 2016 年版，第 166—167 页。
[3]《胡锦涛文选》（第 1 卷），人民出版社 2016 年版，第 94 页。
[4]《胡锦涛文选》（第 1 卷），人民出版社 2016 年版，第 171 页。

区共同富裕。胡锦涛同志指出："完善一个好经营体制，把集体统一经营的优越性和农户承包经营的积极性结合起来，增强经济发展活力，引导和帮助农民走共同富裕道路。"[1]他强调："在农村，必须围绕提高农民素质、勤劳致富奔小康和建设社会主义新农村这个目标"，"引导农民坚持勤劳致富，走共同富裕道路"。[2]同时，强调要增强贫困地区自我发展能力。胡锦涛同志指出："要积极扶持欠发达地区特别是革命老区、民族地区、边疆地区、贫困地区改善基础设施条件，加强生态环境治理和建设，发展优势特色产业，增强自我发展能力，走上共同富裕的道路。"

2. 在共同富裕的总体保障上，坚持中国特色社会主义

中国特色社会主义，既是共同富裕的实现路径，也是共同富裕的根本保障。在共同富裕的实现路径上，一是坚持走中国特色社会主义道路。胡锦涛同志指出："党领导人民经过艰辛探索走出的建设有中国特色社会主义道路，符合社会主义初级阶段实际，是实现国家繁荣富强和人民共同富裕的唯一正确道路。"[3]二是坚持中国特色社会主义制度。胡锦涛同志指出："中国特色社会主义制度，是当代中国发展进步的根本制度保障，集中体现了中国特色社会主义特点和

---

[1]《胡锦涛文选》（第1卷），人民出版社2016年版，第91—92页。
[2]《胡锦涛文选》（第1卷），人民出版社2016年版，第225页。
[3]《胡锦涛文选》（第1卷），人民出版社2016年版，第353—354页。

优势。"① 三是坚持和完善基本经济制度。胡锦涛同志多次强调要坚持和完善公有制为主体、多种所有制经济共同发展的基本经济制度。

3. 在共同富裕的保障机制上，坚持兼顾效率和公平的分配原则，坚持共同富裕的发展目标和方向

首先，让人民共享改革发展成果。胡锦涛同志指出："要坚持把实现好、维护好、发展好最广大人民的根本利益作为作决策、办事情、做工作的根本出发点和落脚点，坚持发展为了人民、发展依靠人民、发展成果由人民共享。"② 其次，在分配原则上，更加注重社会公平。党的十六届五中全会首次提出"更加注重社会公平"的要求；党的十七大明确提出"初次分配和再分配都要处理好效率和公平的关系，再分配更加注重公平"。③ 最后，建设公平的社会公平保障体系。胡锦涛同志指出："要坚持把最广大人民根本利益作为制定和贯彻党的方针政策的基本着眼点，正确反映和兼顾不同地区、不同部门、不同方面群众利益，在促进发展的同时，把维护社会公平放到更加突出的位置，综合运用多种手段，依法逐步建立以权利公平、机会公平、规则公平、分配公平为主要内容的社会公平保障体系，使全体人民共享改革发展成果，使全体人民朝着共同富裕的方

①《胡锦涛文选》（第3卷），人民出版社2016年版，第527页。
②《十六大以来重要文献选编》（下），中央文献出版社2008年版，第559页。
③《胡锦涛文选》（第2卷），人民出版社2016年版，第643页。

向稳步前进。"①

4.在共同富裕的战略举措上，统筹区域、城乡发展，统筹经济社会发展

一是推动区域协调发展。按照邓小平同志"两个大局"的战略思想，党中央推进西部大开发，提出并实施振兴东北、中部崛起等区域发展战略，胡锦涛同志多次强调推动区域协调发展，并提出区域发展总体战略。党中央于2003年提出振兴东北老工业基地发展战略，于2004年提出中部崛起发展战略。胡锦涛同志指出："实现区域协调发展，是贯彻全国一盘棋思想的必然要求……推进西部大开发，振兴东北地区等老工业基地，促进中部地区崛起，鼓励东部地区率先发展，是从全局和战略高度确立的统筹区域发展和现代化建设的总体布局。"② 他指出，区域发展总体战略"是实现我国经济社会又好又快发展、确保实现全面建设小康社会、进而基本实现现代化宏伟目标的重大举措，是发挥我国社会主义制度优越性、促进社会和谐稳定的重大举措，也是保证我国各族人民共享改革发展成果、逐步实现共同富裕的重大举措。"③ 二是统筹城乡发展，建设社会主义新农村。胡锦涛同志指出："建设社会主义新农村，是统筹城乡发

①《胡锦涛文选》（第2卷），人民出版社2016年版，第291页。
②《胡锦涛文选》（第2卷），人民出版社2016年版，第373—374页。
③《胡锦涛文选》（第2卷），人民出版社2016年版，第571页。

展的重大战略决策。"① "解决好农业和农村发展、农民增收问题，仅靠农村内部资源和力量已经不够，必须在继续挖掘农村内部资源和力量的同时，充分运用外部资源和力量，推动国民收入分配向农业和农村倾斜,依靠工业反哺和城市支持。"② "要切实加强农业基础地位，统筹城乡发展，建立以工促农、以城带乡的长效机制，形成城乡经济社会发展一体化新格局，扎实推进社会主义新农村建设。"③

三是解决困难群众温饱问题，全面建设小康社会。胡锦涛同志指出："我国农村还有六千五百万人口没有解决温饱问题，城市里还有一部分企业职工生活比较困难。在普遍提高人民生活水平的同时，一定要采取切实措施，千方百计解决好这部分群众的实际问题。"④

他强调这是关系到坚持共同富裕的社会主义原则、实现跨世纪宏伟目标的大事。"在新世纪的第一个十年，我们将实现国民生产总值比2000 年翻一番，使人民的小康生活更加宽裕。"⑤ 四是统筹经济社会发展，建设和谐社会。建设社会主义和谐社会，是统筹经济社会发展，加强社会建设的重大战略举措。2006 年，党的十六届六中全会通过的《中共中央关于构建社会主义和谐社会重大问题的决定》明

①《胡锦涛文选》（第 2 卷），人民出版社 2016 年版，第 366 页。
②《胡锦涛文选》（第 2 卷），人民出版社 2016 年版，第 248 页。
③《胡锦涛文选》（第 2 卷），人民出版社 2016 年版，第 547—548 页。
④《胡锦涛文选》（第 1 卷），人民出版社 2016 年版，第 206 页。
⑤《胡锦涛文选》（第 1 卷），人民出版社 2016 年版，第 365 页。

确构建社会主义和谐社会的目标和主要任务，其中提出"城乡、区域发展差距扩大的趋势逐步扭转，合理有序的收入分配格局基本形成，家庭财产普遍增加，人民过上更加富足的生活；社会就业比较充分，覆盖城乡居民的社会保障体系基本建立"，"实现全面建设惠及十几亿人口的更高水平的小康社会的目标，努力形成全体人民各尽其能、各得其所而又和谐相处的局面"。[1] 在党的十七大上，胡锦涛同志进一步强调："必须在经济发展的基础上，更加注重社会建设，着力保障和改善民生，推进社会体制改革，扩大公共服务，完善社会管理，促进社会公平正义，努力使全体人民学有所教、劳有所得、病有所医、老有所养、住有所居，推动建设和谐社会。"[2]

为人民谋幸福、为民族谋复兴是中国共产党人的历史使命。新中国成立后，中国共产党人把马克思列宁主义基本原理同中国具体实际相结合，明确提出并始终坚持共同富裕的发展目标，围绕什么是共同富裕、怎样推进共同富裕，阐述了共同富裕的基本内容和基本要求，提出了推进共同富裕具体路径、战略举措、战略安排和保障机制，初步形成了中国共产党人的共同富裕思想，为探索共同富裕的中国道路提供了理论指导，为新时代推进和实现共同富裕奠定了理论基础。

---

① 《中共中央关于构建社会主义和谐社会若干重大问题的决定》，《人民日报》2006 年 10 月 19 日第 1 版。

② 《十七大以来重要文献选编》（上），中央文献出版社 2009 年版，第 29 页。

第三章
世界性难题与中国的实践探索

　　消除贫困，是人类面临的共同挑战，是联合国 2030 年可持续发展议程的首要目标。消除贫困，需要妥善处理收入不平等问题。当前，全球收入不平等问题突出，是一个世界性难题。美国是世界上最发达的资本主义国家，中国是世界上最大的社会主义国家，考察美国的收入不平等状况与中国共同富裕道路的实践探索，对于我们正确认识和理解这一世界性难题，对于人类社会消除贫困、解决收入不平等问题和实现共同富裕，具有重要意义。

第一节　美国收入不平等的表现及相关影响因素

　　美国是世界上高度发达的现代化国家，具有世界规模最大和高度发达的现代化市场经济，资本充足，科技发达。根据世界银行公布的数据，2022 年，美国以 25.46 万亿美元国内生产总值总量位居全球第一，占全球经济总量的 25.32%；人均国内生产总值 7.63 万美元，位居世界前列；吸引约 2851 亿美元的外商直接投资（FDI），是吸引外资最多的国家；对外直接投资流出额为 3730 亿美元，占全球外国直接投资总额的 25.03%。

一、收入不平等现状：收入差距过大，财富集中程度高

收入差距过大。基尼系数是国际上通常用来考察一个国家或地区收入不平等状况的重要指标，数值从 0.0 到 1.0。一般认为，基尼系数小于 0.2 时，显示居民收入分配过于平均，基尼系数在 0.2—0.3 之间时较为平均，0.3—0.4 之间时比较合理，0.4—0.5 时差距过大，大于 0.5 时差距悬殊。据美国人口普查局报告，2021 年美国基尼系数达 0.494，[①] 接近 0.5 的区间上限，表明美国家庭收入差距过大。

基尼系数反映的是特定国家或地区收入不平等的整体情况，分组家庭收入平均收入和所占份额则可以进一步考察不同家庭之间的收入差距。据美国联邦储备委员会 2023 年发布的消费者财务调查报告，2022 年，最高收入（90%—100%）家庭年平均税前收入为 720.5 千美元，次高收入（80%—89.9%）家庭为 192.8 千美元，中间偏上收入（60%—79.9%）、中间收入（40%—59.9%）、中间偏下收入（20%—39.9%）家庭分别为 116.9、71.2、42.9 千美元，20% 低收入家庭为 19.1 千美元。高收入（80%—100%）家庭平均税前收入是其余 80% 家庭的 3.7 倍，是中等收入家庭（中间 20%—79.9%）的 4 倍，是 20% 低收入家庭的 47.8 倍。

---

① 肖经建：《美国收入不平等的现状、趋势与对策》，《清华金融评论》2023 年第 3 期。

贫富差距大，财富集中程度高。相对来说，收入是基于前一年经济活动的流量指标，而资产净值是调查时的资产价格，反映了较长时期内累积的经济活动，是更能反映贫富差距的一个重要指标。与分组家庭收入差距相一致，美国分组家庭净资产差距大。据消费者财务调查报告，2022 年，最高收入（90%—100%）家庭平均净资产为 6479.2 千美元，次高收入（80%—89.9%）家庭为 1313.3 千美元，中间偏上收入（60%—79.9%）、中间收入（40%—59.9%）、中间偏下收入（20%—39.9%）家庭分别为 596.1、411.1、196.3 千美元，20% 低收入家庭与中间偏下收入家庭相近，为 196.3 千美元。高收入（80%—100%）家庭平均净资产是其余 80% 家庭的 5.6 倍，是中等收入家庭（中间 20%—79.9%）的 6.5 倍，是 20% 低收入家庭的 39.7 倍。

家庭收入存在大的种族差异。据消费者财务调查报告，2022 年，美国白人家庭平均税前收入为 164.5 千美元，黑人家庭为 71.0 千美元，西班牙（含拉丁）裔家庭为 71.5 千美元，其他（含多种族）家庭为 134.7 千美元。白人家庭平均税前收入是黑人家庭的 2.3 倍、西班牙裔家庭的 2.3 倍、其他家庭的 1.2 倍。

不同种族家庭财富差距大。与家庭收入的种族差异相比，美国家庭财富的种族差距更大。据消费者财务调查报告，2022 年，美国白人家庭平均净资产为 1361.8 千美元，黑人家庭为 211.6 千美元，西班牙（含拉丁）裔家庭为 227.5 千美元，其他（含多种族）家庭为 844.1 千美元。白人家庭平均净资产是黑人家庭的 6.4 倍、西班牙裔家庭的 6.0 倍、其他家庭的 1.6 倍。

二、收入不平等发展趋势：先改善后恶化，呈恶化趋势

美国收入不平等状况呈先改善后恶化趋势。美国的基尼系数在 20 世纪 60 年代有所下降，从 1947 年的 0.403 逐步下降到 1966 年的 0.384，之后呈上升趋势，逐步上升到 1997 年的 0.459。据美国人口普查局报告，2020 年美国的基尼系数为 0.488，2021 年为 0.494，[①] 2021 年较 2020 年增加了 0.006，较 1947 年增加了 0.091，较 1966 年增加了 0.11。基尼系数上升表明，美国家庭收入分布更加不平等，收入差距进一步扩大。

分组家庭收入占比显示，收入不平等状况也呈先改善后恶化趋势。据美国人口普查局的调查数据，高收入家庭在总收入中所占比例持续扩大，中等收入和低收入家庭所占比例持续缩小。从美国家庭收入五等份分组所占比例看，1947—2019 年，高收入家庭在总收入中所占比例总体上呈先减少后增长趋势，所占份额从 1947 年的

---

① 肖经建：《美国收入不平等的现状、趋势与对策》，《清华金融评论》2023 年第 3 期。

45.6% 逐步下降，最低时为 1975 年的 43.2%，此后逐步增长，最高时为 2017 年的 52.3%，2019 年为 51.9%，最高的 2017 年较最低的 1975 年增长 9.1 个百分点，2019 年较 1947 年增长 6.3 个百分点。中等（含中间偏下、中间、中间偏上）收入家庭所占比例总体上呈先增长后减少趋势，从 1947 年的 50.9% 逐步增长，最高时为 1960 年的 52.9%，此后逐步下降，最低时为 2013 年的 45.5%，2019 年为 46.1%，最高的 1960 年较最低的 2013 年下降 7.4 个百分点，2019 年较 1947 年下降 4.8 个百分点。低收入家庭所占比例总体上呈先增长后下降趋势，从 1947 年的 3.5% 逐步增长，最高时为 1975 年的 4.4%，此后逐步下降，最低时为 2017 年的 3%，2019 年为 3.1%，从最高的 1975 年到最低的 2017 年，下降 1.4 个百分点，2019 年较 1947 年下降 0.4 个百分点。

美国家庭收入总体上呈扩大趋势。据消费者财务调查报告数据，最高收入家庭收入增长幅度最大，中等收入和最低收入家庭收入增长幅度相对较小，进一步拉大了家庭收入差距。从家庭分组税前收入平均值看，1989—2022 年，最高收入（90%—100%）家庭年收入总体上逐步增长，从 1989 年的 400.3 千美元增长到 2022 年的 720.5 千美元，增长 80.0%，增长幅度最大；次高收入（80%—89.9%）家庭收入从 1989 年的 141.3 千美元增长到 2022 年的 192.8 千美元，增长 36.4%，相对增长幅度较大，增长幅度排第三；中间偏上收入（61%—79.9%）家庭收入从 1989 年的 94.4 千美元增长到 2022 年的 116.9 千美元，增长 23.8%；中间收入（40%—59.9%）家庭收入从 1989 年的 49.85 千美元增长到 2022 年的 71.22 千美元，增长 19.0%；中间偏下收入（20%—39.9%）家庭收入从 1989 年的 33.9 千美元增长到 2022 年的 42.9 千美元，增长 26.4%；低收入（0%—19.9%）家庭收入从 1989 年的 13.8 千美元增长到 2022 年的 19.1 千美元，增长 38.8%，增长幅度在分组家庭中排第二。

从高收入家庭与其他家庭平均收入比值看，1989—2022 年，高收入（80%—100%）家庭与其余 80% 家庭收入的比值总体上逐步扩大，从 1989 年的 2.7 倍扩大到 2022 年的 3.7 倍；高收入与中等收入（中间 20%—79.9%）家庭收入之比从 1989 年的 2.9 倍逐步扩大到 2022 年的 4.0 倍，高收入与低收入家庭收入之比从 1989 年的 39.3 倍逐步扩大到 2022 年的 47.8 倍。

美国家庭财富总体上呈扩大趋势，财富向最高收入家庭集中。与收入分组占比数据相一致，分组家庭资产净值显示美国家庭财富总体上呈扩大趋势，财富向最高收入家庭集中。据消费者财务调查报告数据，低收入家庭净资产增长幅度最大，高收入家庭净资产增长幅度大，中等收入家庭净资产增长幅度相对较小，美国贫富差距总体上进一步扩大。从分组家庭净资产平均值看，1989—2022 年，最高收入（90%—100%）家庭净资产逐年增长，从 1989 年的

2319.1 千美元增长到 2022 年的 6479.2 千美元，增长 179.4%，增长幅度排第二位；次高收入（80%—89.9%）家庭净资产从 1989 年的 515.6 千美元增长到 2022 年的 1313.3 千美元，增长 154.7%，增长幅度排第三位；中间偏上收入（61%—79.9%）家庭净资产从 1989 年的 314.9 千美元增长到 2022 年的 596.1 千美元，增长 89.3%；中间收入（40%—59.9%）家庭净资产从 1989 年的 236.6 千美元增长到 2022 年的 411.1 千美元，增长 73.7%；中间偏下收入（20%—39.9%）家庭净资产从 1989 年的 156.9 千美元增长到 2022 年的 196.3 千美元，增长 25.1%；低收入家庭净资产从 1989 年的 56.9 千美元增长到 2022 年的 196.3 千美元，增长 244.7%，增长幅度最大。

分组家庭净资产比值显示美国家庭财富逐步向最高收入家庭集中。最高收入家庭与最低收入家庭净资产比值总体上有所缩小，净资产比值上下浮动。最高收入家庭与中等收入家庭净资产比值呈逐步上升趋势，显示最高收入家庭与中等收入家庭财富呈扩大趋势。最高收入家庭与其余 80% 家庭净资产比值和最高收入家庭与中等收入家庭净资产比值相对接近，总体趋势基本一致，这主要是因为最低收入家庭资产占比低，对总体趋势影响不大。从分组家庭净资产具体比值看，1989—2022 年，高收入（80%—100%）与其余 80% 家庭净资产的比值总体上逐步扩大，从 1989 年的 3.7 倍扩大到 2022 年的 5.6 倍；高收入与中等收入（中间 20%—79.9%）家庭净资产之比从 1989 年的 4.0 倍逐步扩大到 2022 年的 6.5 倍，高收入与低收入（中间 0%—19.9%）家庭净资产之比从 1989 年的 49.8 倍逐步缩小到 2022 年的 39.7 倍。

美国不同种族家庭收入差距呈扩大趋势。白人家庭与黑人家庭、西班牙（含拉丁）裔家庭收入差距呈扩大趋势。据消费者财务调查报告，1989—2022 年，美国白人家庭平均税前收入从 1989 年的 108.5 千美元增长到 2022 年的 164.5 千美元，增长 51.6 %；黑人家庭平均税前收入从 1989 年的 45.7 千美元增长到 2022 年的 71.0 千美元，增长 55.4 %；西班牙（含拉丁）裔家庭平均税前收入从 1989 年的 51.5 千美元增长到 2022 年的 71.5 千美元，增长 38.9 %；其他（含多种族）家庭平均税前收入从 1989 年的 76.9 千美元增长到 2022 年的 134.7 千美元，增长 75.2%。从不同种族家庭收入相对差距看，白人家庭与黑人家庭平均税前收入差距从 1989 年的 62.9 千美元扩大到 2022 年的 94 千美元，白人家庭与西班牙（含拉丁）裔家庭平均税前收入差距从 1989 年的 57.0 千美元扩大到 2022 年的 93.0 千美元，白人家庭与其他（含多种族）家庭平均税前收入差距略有缩小，从 1989 年的 31.7 千美元缩小到 2022 年的 29.9 千美元。

美国不同种族家庭财富呈扩大趋势。白人家庭与其他家庭净资产的比值总体上逐步扩大，财富向白人家庭集中。据消费者财务调查报告，1989—2022 年，美国白人家庭平均净资产从 1989 年的

533.3千美元增长到2022年的1361.8千美元，增长155.3%；黑人家庭平均净资产从1989年的95.7千美元增长到2022年的211.6千美元，增长121.2%；西班牙（含拉丁）裔家庭平均净资产从1989年的104.3千美元增长到2022年的227.5千美元，增长118.2%；其他（含多种族）家庭平均净资产从1989年的378.2千美元增长到2022年的844.1千美元，增长123.2%。从不同种族家庭净资产具体比值看，1989—2022年，白人家庭与黑人家庭净资产的比值从1989年的5.6倍扩大到2022年的6.4倍，白人家庭与西班牙（含拉丁）裔家庭净资产的比值从1989年的5.1倍扩大到2022年的6.0倍，白人家庭与其他家庭净资产的比值从1989年的1.4倍扩大到2022年的1.6倍。

三、收入不平等原因：相关影响因素分析

政府干预经济模式对战后美国收入不平等状况的改善产生了积极的影响。战后到20世纪70年代，美国收入不平等状况相对改善，贫富差距相对较小。1947年到1976年，美国的基尼系数从0.403下降到0.4以下，之后逐步缓慢上升，1977年开始上升到0.4以上。这一时期收入不平等状况的改善与罗斯福新政及其后续影响有关。20世纪20年代，在高速发展的工业化浪潮中，美国深陷严重的经

济不平等和政治腐败之中。社会生产力的快速发展和社会财富的分配不公，最后演化为 1929 年经济大萧条。在经济危机中就任总统的富兰克林·罗斯福，于 1933 年开始推行以救济（Relief）、复兴（Recovery）和改革（Reform）为核心的一系列经济政策。国会制定了《紧急银行法》《农业调节法》《国家产业复兴法》《联邦紧急救济法》《社会保障法》《国家劳资关系法》《公平劳动标准法》《退伍军人权利法》等一系列法案，整顿银行与金融系统，复兴工业，调整农业政策，成立联邦紧急救济署，推行"以工代赈"，开展大规模的基础设施建设，推行最低工资制度，按收入和资产的多寡征收累进税，等等。此外，罗斯福新政还制定了成立工会和工会加入自由选举的新规则。强大工会的存在极大地提高了劳工阶层的议价能力。[①]罗斯福新政以加大政府对经济干预的方式，对资本主义生产关系进行局部调整，开启了国家干预经济模式，在促使美国经济成功走出大萧条的同时，改善了劳动阶层的社会福利，逐步缩小了贫富差距。罗斯福新政时期推行的相关政策，如政府干预私人部门工资的制定和高度累进的收入和财富税等关键的平等化机制，对美国经济社会发展产生了深远的影响。1965 年林登·约翰逊总统提出"伟大社会"施政纲领，通过"向贫困宣战"等立法延续了罗斯福政府的福

---

① 马峰：《美国社会不平等现状分析与发展趋势探究》，《马克思主义研究》2022 年第 9 期。

利制度导向。国家对经济的干预，是战后美国收入不平等状况持续改善的重要因素。

新自由主义政策导向是美国收入不平等状况恶化的重要原因。20 世纪 70 年代，受到两次石油危机的影响，全球开始出现高通胀、高失业、低经济增长的滞涨现象。面对滞涨，凯恩斯主义政策无能为力。在这一背景下，新自由主义登上了资本主义世界的舞台。新自由主义认为国家干预和政府规制才是导致市场失灵的根本原因，在政策导向上反对国家干预经济，主张私有化，提倡自由放任的市场经济，主张完全自由的市场竞争。正是在这一背景下，以美国为代表的资本主义国家开始放松规制，进行经济自由化改革。1980年，里根就任总统，标志着新自由主义在美国的兴起。里根执政期间，推出了削减政府预算以减少社会福利开支，控制货币供给量以降低通货膨胀，减少个人所得税和企业税以刺激投资，放宽企业管理规章条例以减少生产成本等经济政策。里根时期的经济政策，开启了对罗斯福新政推出的资本主义的改良措施的"系统性清算"。一方面尽可能大幅度降低高收入阶层和大企业的所得税率，另一方面大幅度减少各项社会福利支出，这样就增加了富人收入，减少了低收入阶层收入。这一时期，美国基尼系数从 1980 年的 0.403 增加到 1989 年的 0.431，增长 6.9％。

在经济金融化和全球化的过程中，美国经济"脱实向虚"，对美国收入不平等和财富分布不均衡产生了重要影响。从国际上看，1944 年，美、苏、中、法、英等 44 个国家通过了《联合国货币金融会议的最后决议书》《国际货币基金组织协定》和《国际复兴开发银行协定》等文件，确立了以美元和黄金为基础的金汇兑本位制，即美元与黄金挂钩、国际货币基金会员国的货币与美元保持固定汇率，以美元为中心的国际货币体系，即布雷顿森林体系。20 世纪 70 年代，布雷顿森林体系崩溃后，美国逐步确立了以美元为关键货币本位的石油美元国际货币体系。后布雷顿森林体系时代，美元仍然是关键货币，但是不再受黄金储备的约束。美元的这种霸权地位使美国既可以获得铸币税收入即通货膨胀税，又可以较容易地应对国际收支失衡。同时，美国企业对外支付没有汇率变动风险，美国金融机构盈利空间大。在事实上，美国拥有了维持不受限制的国际收支逆差的特权，这种特权成为美国收割全球财富的重要工具和手段，为美国走向金融帝国主义提供了绝好的条件。美国通过向世界输出大量美元，吸收外国的物资输出，购置外国资产和股权，从而提高了国内消费水平和对外国资产的所有权。

从国内看，20 世纪 70 年代以来，随着信息与通信技术的大发展，在产业资本与金融资本互动的过程中，金融资本逐步脱离原有工业基础，大量涌入新兴信息与通信技术领域。20 世纪 70 年代末 80 年代初，随着美国金融管制不断放宽，进一步刺激并促进了金融市场的发展，推动了经济的金融化。与此同时，随着产业链全球化的推进和深化，受国内劳动力成本快速上升等因素的影响，信息革命后的美国逐步将制造业外迁或外包转移到海外，仅在本国保留研发和运营部门，从而实现从传统制造业向高端制造业、从制造业向服务业的转型升级。20世纪90年代之后，美国资本市场成为美国财富创造的大头。美国制造业海外转移和转型升级的结果是金融服务业的日益繁荣，制造业的日益衰落和空心化。从产业结构比重来看，美国制造业从20世纪50年代的50%下降至目前的约30%。从制造业就业人口占比来看，从约30%下降至目前的10%以下。[1]

此外，去工会化和工会的衰落、高收入人群的低税收政策、高科技带来的新兴产业发展等，也是导致美国收入不平等和财富差距扩大的具体影响因素。新自由主义兴起特别是从里根时代起，美国历届政府大多抵制和限制工会。随着美国经济与产业结构的调整，工会会员人数持续下降，使得工会的议价能力受到限制，难以发挥缓解收入不平等的作用。同时，美国政府的税收改革，逐步降低个人所得税和企业税，但总体上受益更多的是高收入群体和富裕群体，难以发挥税收二次分配的社会调节功能。

---

[1] 金君达：《美国战后产业空心化根源何在，有何启示》，新华社客户端2021年2月10日，网址：https://baijiahao.baidu.com/s?id=1691273326241654443&wfr=spider&for=pc。

四、结论与讨论：美国收入不平等问题的启示

"二战"后，美国经济获得了长足发展，国内生产总值占全球经济总量的比重不断增加。据世界银行数据，美国国内生产总值占全球经济总量的比重从 1980 年的 25.13% 提升到 2000 年的 31.24%。进入 21 世纪，随着中国、印度等新兴国家经济的崛起，美国占世界经济总量的比重有所下降，2022 年占比为 25.32%。一方面，美国是最发达的资本主义国家；另一方面，面对收入不平等这一世界性难题，美国却作为有限，收入不平等状况难以改善。

收入不平等导致财富非均衡分布。收入是反映家庭短期经济利益的流量指标，相对来说，资产净值即家庭资产的价格，反映的是较长时期累积的经济活动，是反映贫富差距的重要指标。家庭收入影响着家庭财富的积累，持续的收入不平等必然带来收入差距扩大和贫富分化，其结果是资产和财富的非均衡分布。从家庭收入和资产净值数据看，20 世纪 70 年代中后期开始，美国家庭收入差距持续扩大，家庭收入基尼系数从 1977 年的 0.402 逐步上升到 2021 年的 0.494，高收入家庭在总收入中所占份额从 1975 年的 43.2% 逐步增长到 2019 年的 51.9%，低收入家庭在总收入中所占份额从 1975 年的 4.4% 逐步下降到 2019 年的 3.1%，高收入家庭与其余 80% 家庭净资产的比值从 1989 年的 3.7 倍扩大到 2022 年的 5.6 倍。

收入不平等易引发社会冲突、导致社会不稳定。收入不平等会降低劳动生产率。诺贝尔经济学奖得主约瑟夫·斯蒂格利茨研究发现，员工对于自己薪酬是否公平的认知会影响其工作效率，如果员工的薪酬低到只能勉强维持基本生活开支，其工作效率会进一步降低。收入不平等会影响经济的长期增长。消费是拉动经济增长的动力之一，相对来说，富裕人群的消费需求是一定的，而低收入阶层收入增长带来的消费需求增长的边际收益高于富裕人群。在收入不平等的情况下，消费拉动经济增长的动力不足更多地表现为有效消费需求不足，进而导致经济增长缺乏动力，难以持续。收入不平等还会导致低收入群体减少教育投资，从而影响整个社会人力资本的提升。米歇尔和布莱恩基于美国 1908 年至 1995 年数据的研究，发现大学入学率与收入不平等之间存在显著的负相关关系，也就是说，收入越不平等，大学入学率越低。收入不平等还会强化社会的异质性，降低社会资本，从而影响社会交往、社会合作和社会团结。社会资本是指个体或团体之间的联系及由此产生的信任，有利于促进合作进而提高社会的效率和社会整合度。收入不平等问题长期存在，容易导致社会撕裂，引发社会冲突。美国 2011 年爆发的"占领华尔街"运动，将美国阶层分化和社会撕裂暴露于世人面前，收入不平等和财富的非均衡分布是其背后的经济原因。

解决收入不平等问题，需要完善调节收入分配等公共政策。"二战"后到 20 世纪 70 年代中期，美国基尼系数逐步降低，收入不平等状况逐步改善，与罗斯福新政以及国家干预经济的公共政策直接相关。一是整顿金融系统，复兴工业，调整农业政策，开展大规模基础设施建设，以恢复经济增长和增加就业；二是调整规范劳资关系，积极发挥工会作用，推行最低工资制度；三是完善社会保障制度，增加国家福利支出，健全社会保险，开展社会救济；四是调整税收政策，按收入和资产的多寡征收累进税。同样，20 世纪 70 年代中期以后，美国收入不平等状况持续恶化，财富逐步向高收入家庭集中，也与里根政府之后采取的新自由主义政策导向和削减福利开支等公共政策紧密相关。总之，"二战"后美国收入不平等状况先改善后恶化，总体上呈恶化趋势，受到了多种因素的综合影响。公共政策方面，从增加福利开支到减少国家福利支出，从征收累进税到大幅度降低高收入者和大企业的所得税率，从强工会到弱工会的政策转变，在经济全球化中推进生产外包和产业链全球化、放松金融管制和经济金融化的转变，美国推行的是对富人和资本家有利的福利、税收、经济、金融等政策，这与富人和资本家对国家公共政策的影响力、话语权、决策权紧密相关，这是由美国作为资本主义国家的国家属性所决定的，这也在某种程度上解释了面对收入不平等问题美国作为有限的原因。

第二节　中国共产党对共同富裕道路的前期探索和实践

中国共产党人把马克思主义基本原理同中国具体实际相结合、同中华优秀传统文化相结合，将国家富强、人民富裕作为党的重要奋斗目标，以实现现代化为抓手，探索农业农村发展道路、工业化和城市发展道路，逐步形成"先富带动后富，逐步实现共同富裕"的共同富裕道路，为实现国家富强、人民富裕奠定了基础。

一、社会主义革命和建设时期：共同富裕道路的探索和实践

新中国成立后，为实现国家富强、人民富裕的奋斗目标，党领导人民完成全国土地改革，引导农民走合作化道路；推进社会主义革命，建立社会主义制度；建立比较完整的工业体系和国民经济体系，积极探索农业农村发展道路、工业化和城市发展道路。

一是推进全国土地改革。新中国成立前，我们党就在解放区实行了土地改革。至 1952 年底，除部分少数民族地区和台湾地区外，全国土地改革基本完成。通过没收地主阶级的土地等生产生活资料，分配给无地少地的农民所有，新解放区 3 亿多农民分得了约 7 亿亩土地。土地改革的完成，彻底废除了封建土地所有制，极大地激发了亿万农民的生产积极性，促进了农业生产的发展和广大农民生活

的改善。

二是推进社会主义革命，建立社会主义制度。在推进土地改革的同时，随着国民经济的恢复，为完成社会主义革命，解放和发展社会生产力，1953年12月，中宣部印发《为动员一切力量把我国建设成为一个伟大的社会主义国家而斗争——关于党在过渡时期总路线的学习和宣传提纲》，正式提出新民主主义向社会主义转变的过渡时期总路线："从中华人民共和国成立，到社会主义改造基本完成，这是一个过渡时期。党在这个过渡时期的总路线和总任务，是要在一个相当长的时期内，逐步实现国家的社会主义工业化，并逐步实现国家对农业、手工业和资本主义工商业的社会主义改造。"过渡时期总路线的实质是改变生产资料的资本主义私有制为生产资料的社会主义公有制。总路线提出了从新民主主义过渡到社会主义的路线、方法和步骤，为实现国家的工业化和推进对农业、手工业和资本主义工商业的社会主义改造，从而建立社会主义制度提供了指南。

完成对农业的社会主义改造。土地改革后，农村仍然是分散的个体经济，与工业发展不相适应。同时，农村开始出现贫富分化现象，存在着两极分化的风险。为了"使农业能够由落后的小规模生产的个体经济变为先进的大规模生产的合作经济，以便逐步克服工业和农业这两个部门不相适应的矛盾，并使农民能够逐步完全摆脱贫困的状况，而取得共同富裕和普遍繁荣的生活"，1953年，中共中央先后颁发《关于农业生产互助合作的决议》《关于发展农业生产合作社的决议》，提出农业社会主义改造的路线、方针和政策，推进农业社会主义改造和农业合作化运动，引导农民走合作化道路。经过互助组、初级社、高级社三个阶段，到1956年底，农业社会主义改造基本完成，全国加入合作社的农户达到全国农户总数的96.3%，其中加入高级社的农户占总农户的87.8%，[①] 全国农村基本上实行了农业合作化，农民个体经济转变为社会主义集体经济。

完成对手工业和资本主义工商业的社会主义改造。根据过渡时期的总路线，1953年制定的"一五"计划提出："采用说服、示范和国家援助的方法，逐步地把手工业者引向合作化的道路，使手工业生产合作社成为国营工业的得力助手。"[②]1956年底，全国手工业合作组织发展到104430个，其中手工业生产合作社74669个；有组织的手工业者达603.9万人。[③] 对于民族资本主义工商业，新中国成立初期，党和国家对其实行利用、限制和改造的政策。"一五"计划提出，"国家对资本主义工业的改造，第一步是把资本主义转变为各种不同形式的国家资本主义，第二步是把国家资本主义转变为社会主

---

① 《中国农业合作化运动史料》（下册），生活·读书·新知三联书店1962年版，第991页。
② 汪海波：《新中国工业经济史》，经济管理出版社1994年版，第209页。
③ 汪海波：《新中国工业经济史》，经济管理出版社1994年版，第385页。

义"，对私营资本主义商业也要"逐步地改造成为各种形式的国家资本主义"。经过一个逐步的发展过程，我国最终通过和平赎买的方式，将资本主义生产资料所有制改造为社会主义所有制。[1]1956年，我国基本完成对资本主义工商业的社会主义改造，在国民收入中，全民所有制经济、集体所有制经济、公私合营经济已达到92.9%。[2]

1956年，我国基本上完成对生产资料私有制的社会主义改造，基本上实现生产资料公有制和按劳分配，建立起社会主义经济制度。同时，党领导确立人民代表大会制度、中国共产党领导的多党合作和政治协商制度、民族区域自治制度。社会主义制度的确立，为中国的发展进步和全体人民走向共同富裕奠定了重要基础。

三是推进社会主义工业化。新中国成立后，经过三年的经济恢复，我国经济建设转到实现社会主义工业化的任务上来。为了尽快实现工业化，我国学习苏联经验，确立优先发展重工业的工业化发展战略。1953年，我国开始了第一个五年计划的建设。随着"一五"计划的超额完成，我国社会主义工业化的初步基础已经建立起来。经过几个五年计划的实施，我国逐步建立起比较完整的工业体系和国民经济体系，为实现社会主义工业化奠定了基础。

在随后的实践和探索中，由于盲目地求快，忽视了经济发展

---

[1] 董辅礽主编：《中华人民共和国经济史》，经济科学出版社1999年版，第177页。
[2] 董辅礽主编：《中华人民共和国经济史》，经济科学出版社1999年版，第199页。

的客观规律，出现"大跃进"运动、人民公社化运动等错误，干扰、阻碍了生产力的发展，使共同富裕的探索和实践偏离了正确的轨道。[①]

这一时期，我们党对共同富裕道路的探索和实践，既有成绩，也有失误；既有经验，也有教训。一方面，我们党推进社会主义革命，建立社会主义制度；推进社会主义工业化，探索工业和城市发展的中国道路；积极探索农村农业发展农民富裕的中国道路，领导人民完成全国土地改革，完成农村社会主义改造，引导农民走合作化道路，极大地激发了人民群众的生产积极性，极大地解放和发展了社会生产力，为实现国家富强、人民富裕奠定了基础。另一方面，"大跃进"运动、人民公社化运动等，由于违背经济社会发展阶段和现实条件，片面强调生产关系的变革，试图以此推动生产力的发展，其结果是生产关系的发展超越了生产力发展水平，迟滞甚至阻碍了生产力的发展。人民公社实行统一经营、集中劳动、统一分配的管理体制，由于急于向共产主义过渡，在生产资料所有制上，片面强调一大二公，在分配上存在平均主义，影响了农业生产和农民生活，挫伤了农民的生产积极性和生产力的发展。总体来说，这一时期对共同富裕道路的探索和实践，为改革开放和社会主义现代化建设新

---

① 任希贵：《毛泽东对带领农民走共同富裕道路的探索》，《龙江党史》1994 年第 6 期。

时期共同富裕道路的调整和形成提供了经验借鉴、理论准备和物质基础。

二、改革开放和社会主义现代化建设新时期：共同富裕道路的调整和形成

改革开放和社会主义现代化建设新时期，我们党坚持国家富强、人民富裕的奋斗目标，吸取前一时期探索共同富裕道路的经验和教训，调整并形成共同富裕的中国道路：一部分地区、一部分人可以先富起来，带动和帮助其他地区、其他的人，逐步达到共同富裕。

（一）共同富裕基本路径：先富带后富，逐步实现共同富裕

改革开放和社会主义现代化建设新时期，以邓小平同志为主要代表的中国共产党人，吸取社会主义革命和建设时期共同富裕道路探索和实践的经验教训，及时调整平均主义倾向，明确提出"先富带后富"的共同富裕道路，即一部分地区、一部分人可以先富起来，带动和帮助其他地区、其他的人，逐步达到共同富裕。

"先富带后富，逐步实现共同富裕"的共同富裕道路的基本含义可以从四个方面来理解：一是为什么我们要允许一部分地区、一部分人先富起来？因为这是加快发展并走向共同富裕的捷径。关于这一问题，邓小平同志明确指出："一部分地区发展快一点，带动大部

分地区，这是加速发展、达到共同富裕的捷径。"二是哪些地区、哪些人先富起来？总的来说，具备区位优势等先发展条件的地区先发展，具备致富本领和能力的人先富起来。邓小平同志指出："共同富裕的构想是这样提出的：一部分地区有条件先发展起来，一部分地区发展慢点，先发展起来的地区带动后发展的地区，最终达到共同富裕。"三是先富起来的地区、先富起来的人如何带动其他地区、其他人走向共同富裕？初步设想是通过多交利税、财政转移支付、技术转让等形式，带动大家共同走向富裕。邓小平同志指出，发达地区要"通过多交利税和技术转让等方式大力支持不发达地区"，带动不发达地区、贫困群众共同走向富裕。四是什么时候开始实施和推进先富带动后富的发展战略？邓小平同志指出："共同致富，我们从改革一开始讲，将来总有一天要成为中心课题。"[1]"可以设想，在本世纪末达到小康水平的时候，就要突出地提出和解决这个问题。"[2]根据邓小平同志"两个大局"的构想，首先，沿海地区要加快对外开放，较快地先发展起来，从而带动内地更好地发展，这是一个事关大局的问题；其次，发展到一定的时候，沿海要拿出更多力量来帮助内地发展，沿海也要服从这个大局。

---

①《邓小平文选》（第3卷），人民出版社1993年版，第364页。
②《邓小平文选》（第3卷），人民出版社1993年版，第374页。

在探索共同富裕道路过程中，我们党作出实行改革开放的历史性决策，经济体制改革以建立社会主义市场经济体制为目标；对外开放形成了从沿海到沿江沿边、从东部到中西部区域梯次开放的格局；提出分步走、逐步实现共同富裕的战略安排；提出促进区域、城乡协调发展的战略举措；提出以兼顾效率和公平为分配原则的分配机制。

实践证明，"先富带动后富，逐步实现共同富裕"的共同富裕道路符合中国实际，促进了社会生产力的发展和物质财富的增长。这一基本路径还包括共同富裕的推进战略、共同富裕的协同发展战略、共同富裕的分配机制等方面的内容。

（二）在共同富裕的战略安排上，提出分步走、逐步实现共同富裕的战略安排

实现全体人民共同富裕，必须以建设社会主义现代化国家为依托。为实现共同富裕，我们党确立并制定了建设社会主义现代化国家的战略安排。社会主义革命和建设时期，我们党提出"把我国建设成为一个具有现代农业、现代工业、现代国防和现代科学技术的社会主义强国"的宏伟目标，并提出分两步走的战略安排：第一步，在 1980 年以前，建成一个独立的比较完整的工业体系和国民经济体系；第二步，在 20 世纪内，全面实现农业、工业、国防和科学技术的现代化，使我国国民经济走在世界的前列。社会主义革命和建设

时期，我国实现了"两步走"的第一步发展目标，建立了独立的比较完整的工业体系和国民经济体系。

党的十一届三中全会后，以邓小平同志为主要代表的中国共产党人，根据我国现代化建设的实际进展，对"两步走"的第二步即实现社会主义现代化的时间进行了调整，并作出新的战略安排，提出建设小康社会的发展目标和"三步走"战略部署。1979年12月，邓小平同志在与日本首相大平正芳会谈时，把"四个现代化"目标量化为到20世纪末实现国民生产总值人均1000美元，实现小康水平，并将这个目标称为"中国式的现代化"，即"小康之家"。

1987年4月，邓小平同志在会见香港特别行政区基本法起草委员会委员时指出："我们社会主义制度是以公有制为基础的，是共同富裕，那时候我们叫小康社会。它不同于一般的小康社会，而是人民生活普遍提高的小康社会。更重要的是，有了这个基础，再过五十年，再翻两番，达到人均四千美元的水平，在世界上虽然还是在几十名以下，但是中国是个中等发达的国家了。"[1] 根据邓小平同志的意见和建议，党的十三大确定了"三步走"发展战略：第一步，实现国民生产总值比1980年翻一番，解决人民的温饱问题；第二步，到20世纪末，使国民生产总值再增长一倍，人民生活达到小康

①中共中央文献研究室编：《十二大以来重要文献选编》（下），人民出版社1988年版，第286页。

水平；第三步，到21世纪中叶，人均国民生产总值达到中等发达国家水平，人民生活比较富裕，基本实现现代化。

根据经济社会发展的需要，1997年召开的党的十五大进一步细化了现代化发展目标和发展规划，作出新"三步走"战略部署：第一步，21世纪第一个十年实现国民生产总值比2000年翻一番，使人民的小康生活更加宽裕，形成比较完善的社会主义市场经济体制；第二步，再经过十年的努力，到中国共产党成立一百年时，使国民经济更加发展，各项制度更加完善；第三步，到21世纪中叶新中国成立一百年时，基本实现现代化，建成富强民主文明的社会主义国家。2002年召开的党的十六大对新"三步走"战略部署的第二步进行了完善和明确："在本世纪头二十年，集中力量，全面建设惠及十几亿人口的更高水平的小康社会，使经济更加发展、民主更加健全、科教更加进步、文化更加繁荣、社会更加和谐、人民生活更加殷实。""国内生产总值到2020年力争比2000年翻两番，综合国力和国际竞争力明显增强。"

根据经济社会发展实际和新的阶段性特征，与时俱进地提出新的奋斗目标，制定和调整中长期发展战略规划，是我们党治国理政的重要方式和重要经验。不同时期制定的分步走战略规划，为经济社会发展和实现共同富裕制定了路线图和时间表，引领党和国家事业不断迈上新台阶。

（三）在共同富裕的战略举措上，提出促进区域、城乡协调发展的战略举措

根据"先富带动后富，逐步实现共同富裕"的基本路径和邓小平同志"两个大局"构想，我们党在推进改革开放的伟大实践中，逐步建立完善社会主义市场经济体制，逐步形成梯次对外开放格局；推进西部大开发、中部崛起、东北振兴、东部率先发展，逐步形成区域协调发展战略；实施八七扶贫攻坚计划、农村扶贫开发等发展战略，逐步形成城乡一体化发展格局。

实行改革开放。我国经济体制改革以建立社会主义市场经济体制为目标，在农村实施家庭联产承包责任制，结束了人民公社的管理体制，赋予了农民生产经营活动的自主权，允许并鼓励农民勤劳致富，极大地调动了农民的生产积极性，促进了农业生产的发展。在城市实施国有企业改革，早期推进放权让利和两权分离、转换企业经营机制，后期以建立产权清晰、责任明确、政企分开、管理科学的现代企业制度为目标。改革旨在建立社会主义市场经济制度，赋予市场主体自主权，调动市场主体积极性，发挥市场主体积极作用。经过前期探索和实践，党的十四大正式将建立社会主义市场经济体制确立为我国经济体制改革的目标。在对外开放上，1980年开始创办经济特区，设立经济技术开发区，逐步推进沿海沿江沿边开放，逐步形成从沿海到沿江沿边、从东部到中西部区域梯次开放的格局。

推进区域经济协调发展。改革开放的实施，促进了东部沿海地区经济的发展，也拉大了东部地区和其他地区的发展差距。根据邓小平同志20世纪90年代初的设想，在20世纪末达到小康水平的时候，就要突出地提出和解决支持贫困地区发展的问题。为了促进区域经济协调发展，在促进东部地区率先发展的同时，党中央提出并实施西部大开发、振兴东北老工业基地、中部崛起战略。2000年1月，国务院成立西部地区开发领导小组，部署并推进西部地区开发战略；2003年10月，中共中央、国务院出台《关于实施东北地区等老工业基地振兴战略的若干意见》，明确了实施振兴战略的指导思想、方针任务和政策措施。2004年3月，温家宝同志在政府工作报告中首次明确提出促进中部地区崛起。2006年4月，《中共中央 国务院关于促进中部地区崛起的若干意见》出台，明确了促进中部地区崛起的总体要求、基本原则和主要任务。振兴东北老工业基地、中部地区崛起，是继东部沿海开放战略、西部大开发战略后的重大战略决策。随着这些发展战略的实施和推进，我国逐步形成区域协调发展格局。

在推进区域经济协调发展的同时，为解决贫困问题，缩小东西部地区差距，实现共同富裕的目标，党中央实施了八七扶贫攻坚计划、农村扶贫开发等发展战略，逐步形成城乡一体化发展格局。

1994年，国务院印发《国家八七扶贫攻坚计划》。1994—2000

年，我国集中人力、物力、财力，动员社会各界力量，加强基础设施建设，改变教育文化卫生的落后状况，基本解决全国农村 8000 万贫困人口的温饱问题，极大地推动了扶贫开发的进程。在这期间，1996 年召开的扶贫开发工作会议提出了由救济式扶贫转向开发式扶贫的基本方针。

2001 年，国务院印发《中国农村扶贫开发纲要（2001—2010年）》，明确扶贫开发的基本方针、对象和重点。《纲要》提出，坚持开发式扶贫、综合开发和全面发展、可持续发展、自力更生和艰苦奋斗、政府主导和全社会共同参与的基本方针；以贫困地区尚未解决温饱问题的贫困人口作为扶贫开发的首要对象，继续帮助初步解决温饱问题的贫困人口增加收入，进一步改善生产生活条件，巩固扶贫成果；按照集中连片的原则，把贫困人口集中的中西部少数民族地区、革命老区、边疆地区和特困地区作为扶贫开发的重点，在上述四类地区确定扶贫开发工作重点县。东部以及中西部其他地区的贫困乡、村，主要由地方政府负责扶持。

由于贫困人口主要集中在中西部地区，八七扶贫攻坚、农村扶贫开发成为缩小区域发展差距、城乡发展差距，实现共同富裕的重要举措。一系列减贫措施顺利实施，我国农村贫困人口大幅减少，由 1985 年的 1.25 亿人，下降到 2000 年的 3000 万人；农村贫困人口收入水平稳步提高，贫困地区基础设施明显改善，社会事业不断进步，最低生活保障制度全面建立，农村居民生存和温饱问题基本解决，城乡协调发展、区域协调发展格局逐步改善。

（四）在共同富裕的分配机制上，提出以兼顾效率和公平为分配原则的分配机制

社会主义革命和建设时期，我们党在分配原则上强调公平，在分配领域实行相对平均的分配制度。在农村通过土地改革对土地等生产资料平均分配；在社会主义三大改造完成后，实行"各尽所能，按劳分配"的分配制度。但在实践中，存在"吃大锅饭"等平均主义现象和弊端，影响了劳动者的生产积极性和生产力的发展。

改革开放和社会主义现代化建设新时期，我们党及时调整分配上的平均主义倾向，在农村推行以家庭联产承包为主的生产责任制和统分结合的双层经营体制，在城市推进放权让利和转换企业经营机制等国有企业改革，逐步减少和消除"吃大锅饭"等平均主义现象和弊端，逐步确立效率优先、兼顾公平的分配原则。党的十一届三中全会提出要"克服平均主义"；党的十二届三中全会提出"要扩大工资差距，拉开档次，以充分体现奖勤罚懒、奖优罚劣"，"让一部分地区、企业和一部分人通过勤奋劳动先富起来，带动更多的人走向富裕"，逐步实行按劳分配为主体、多种分配方式并存的制度；党的十三大提出"在促进效率提高的前提下体现社会公平"；党的十五大明确提出"坚持效率优先、兼顾公平"。

随着贫富差距的扩大，我们党逐步注重效率和公平的平衡，逐步提出初次分配和再分配都要兼顾效率和公平，再分配更加注重公平的分配原则。党的十六大在强调"坚持效率优先、兼顾公平"的同时，提出"初次分配注重效率，发挥市场的作用，再分配注重公平，加强政府对收入分配的调节职能"；党的十六届五中全会首次提出"更加注重社会公平"；《国民经济和社会发展第十一个五年规划纲要》提出"逐步推进基本公共服务均等化"，旨在通过政府再分配调节收入差距；党的一七大明确提出"初次分配和再分配都要处理好效率和公平的关系，再分配更加注重公平"，强调了公平原则在再分配中的重要性。

从共同富裕的分配机制看，我们党始终坚持公平原则和共同富裕的奋斗目标。改革开放后的效率优先，体现的是按劳动数量、质量和贡献的公平分配，旨在克服平均主义和政府机制下的低效率；先富带动后富，逐步走向共同富裕的道路选择，旨在探索更现实可行的致富道路；更加注重社会公平，旨在克服市场机制下的分配失衡和贫富分化，促进经济社会持续健康协调发展。

第四章
新时代的共同富裕：背景、内涵和战略安排

"治国之道，富民为始。"党的十八大以来，以习近平同志为核心的党中央，不忘初心、牢记使命，坚持以人民为中心的发展思想，把逐步实现全体人民共同富裕摆在更加重要位置，扎实推进共同富裕，对共同富裕道路作了新的探索，对共同富裕理论作了新的阐释，对共同富裕目标作了新的部署，深化了对共同富裕的理论认识，丰富和拓展了马克思主义共同富裕思想，为推进全体人民共同富裕提供了根本遵循和行动指南。

第一节　共同富裕的时代背景

为什么新时代要实现共同富裕？为什么新时代可以实现共同富裕？从应然性看，共同富裕是共产主义社会的基本目标，是社会主义的本质要求；从必要性看，共同富裕是新时代经济社会发展的内在要求；从可行性看，已经到了扎实推动共同富裕的历史阶段。

一、共同富裕是社会主义的发展目标

共同富裕是共产主义社会的基本目标。马克思主义认为，人类社会最终走向共产主义社会，共产主义社会是自由人的联合体，"代替那存在着阶级和阶级对立的资产阶级旧社会的，将是这样一个联

合体，在那里，每个人的自由发展是一切人的自由发展的条件"①。共产主义社会是人人自由而全面发展的社会，是社会生产力高度发达、社会产品极为丰富的社会，是生产资料社会占有、没有剥削和压迫的社会。共产主义社会包含着共同富裕的发展目标。

共同富裕是社会主义的本质要求。社会主义社会是共产主义社会的初级阶段。以马克思主义为指导的中国共产党成立后，始终高举马克思列宁主义的伟大旗帜，将共产主义远大理想同中国特色社会主义共同理想相结合，明确强调共同富裕是社会主义的本质，始终坚持社会主义的前进方向和共同富裕的发展目标。新中国成立后，毛泽东同志明确提出共同富裕的发展目标，强调走合作化道路、社会主义道路引领包括农民在内的全体人民走向共同富裕。改革开放以后，邓小平同志总结社会主义建设和共同富裕道路的经验与教训，明确提出在发展生产力的基础上实现共同富裕。他指出，共同富裕是社会主义的目标和根本原则，是社会主义最大的优越性，体现了社会主义本质。邓小平同志在南方谈话中强调："社会主义的本质，是解放生产力，发展生产力，消灭剥削，消除两极分化，最终达到共同富裕。"② 江泽民同志指出："实现共同富裕是社会主义的根本原

①《马克思恩格斯文集》（第2卷），人民出版社2009年版，第53页。
②《邓小平文选》（第3卷），人民出版社1993年版，第373页。

则和本质特征，绝不能动摇。"① 胡锦涛同志指出："我们实行改革开放，建立社会主义市场经济体制，根本目的是要解放和发展社会生产力，增强社会主义国家综合国力，提高人民生活水平，最终实现共同富裕。"② 习近平总书记指出："共同富裕是中国特色社会主义的根本原则"，③ "共同富裕是社会主义的本质要求，是中国式现代化的重要特征"，"共同富裕是社会主义的本质要求，是人民群众的共同期盼。我们推动经济社会发展，归根结底是要实现全体人民共同富裕"。④

共同富裕是中国共产党的使命任务。共同富裕是人民幸福生活的基本条件，也是人民幸福生活的重要方面。实现共同富裕不仅是经济问题，而且是关系党的执政基础的重大政治问题。中国共产党成立后，把为人民谋幸福、为民族谋复兴作为自己的使命，把马克思主义基本原理同中国具体实际相结合，同中华优秀传统文化相结合，积极探索共同富裕的中国道路。为实现全体人民共同富裕，中国共产党领导和团结全国各族人民，开辟了中国革命道路，实现了民族独立、人民解放，取得了新民主主义革命的伟大胜利，为实现共同富裕创造了根本社会条件；进行了社会主义革命，推进社会主

① 《江泽民文选》（第1卷），人民出版社2006年版，第466页。
② 《胡锦涛文选》（第1卷），人民出版社2016年版，第86页。
③ 《习近平谈治国理政》（第一卷） 外文出版社2018年版，第13页。
④ 《习近平谈治国理政》（第四卷） 外文出版社2022年版，第116页。

义建设，实现了中华民族有史以来最为广泛而深刻的社会变革，为实现共同富裕奠定了根本政治前提和制度基础；探索中国特色社会主义道路，实现了人民生活从温饱不足到总体小康、全面小康的历史性跨越，创造了改革开放和社会主义现代化建设的伟大成就，为实现共同富裕提供了充满新的活力的体制保证和快速发展的物质条件。党的十八大以来，以习近平同志为核心的党中央以伟大的历史主动精神、巨大的政治勇气、强烈的责任担当，统筹国内国际两个大局，团结带领全国各族人民艰苦奋斗、不断创造美好生活，打赢脱贫攻坚战，全面建成小康社会，党和国家事业取得历史性成就、发生历史性变革，为实现共同富裕提供了更为完善的制度保证、更为坚实的物质基础、更为主动的精神力量。

二、共同富裕是新时代经济社会发展的内在要求

更好满足人民的美好生活需要，必须促进共同富裕。党的十八大以来，中国特色社会主义进入新时代，我国社会主要矛盾转变为人民日益增长的美好生活需要和不平衡不充分的发展之间的矛盾。人民对美好生活的向往更加强烈、需要日益广泛，不仅对物质文化生活提出了更高要求，而且在民主、法治、公平、正义、安全、环境等方面的要求日益增长。适应我国社会主要矛盾的变化，更好满

足人民日益增长的美好生活需要，必须把促进全体人民共同富裕作为为人民谋幸福的着力点，着力解决地区差距、城乡差距、收入差距等问题，坚持在发展中保障和改善民生，促进社会公平正义，让发展成果更多更公平惠及全体人民。

推动经济高质量发展，必须促进共同富裕。首先，促进共同富裕是高质量发展的目标。高质量发展要求切实转变发展方式，推动质量变革、效率变革、动力变革，使发展成果更好惠及全体人民，不断实现人民对美好生活的向往。习近平总书记在中央财经委员会第十次会议上指出："要坚持以人民为中心的发展思想，在高质量发展中促进共同富裕。"① 其次，共同富裕有利于建设高素质人才队伍，从而推动高质量发展。党的十九大提出高质量发展的新论断，表明中国经济由高速增长阶段转向高质量发展阶段。科技是第一生产力、人才是第一资源、创新是第一动力。人是生产力中最具有决定性的力量和最活跃的因素，只有促进共同富裕，提高城乡居民收入，为城乡劳动者综合素质提升创造良好的经济社会环境和条件，持续提升人力资本，才能提高全要素生产率，夯实高质量发展的动力基础。最后，共同富裕有助于推进扩大内需战略和构建新发展格局，从而助推高质量发展。党的二十大提出要"坚持以推动高质量发展为主

---

① 《在高质量发展中促进共同富裕 统筹做好重大金融风险防范化解工作》，《人民日报》2021年8月18日第1版。

题，把实施扩大内需战略同深化供给侧结构性改革有机结合起来，增强国内大循环内生动力和可靠性，提升国际循环质量和水平"。促进共同富裕要求调整收入分配格局，提高低收入群体收入水平，扩大中等收入群体规模。逐步促进全体人民共同富裕，将进一步壮大国内消费群体，扩大有效需求，升级消费水平，扩大消费市场规模，促进国内大循环发展，从需求侧推动高质量发展，促进供给侧结构性改革，从而推动需求侧与供给侧双发力，促进构建以国内大循环为主体、国内国际双循环相互促进的新发展格局。

防止贫富两极分化，实现社会和谐安定，必须促进共同富裕。贫富两极分化是全球性难题。从总体情况看，全球收入不平等问题突出。有学者研究指出，1980 年世界前 1% 高收入群体的收入占全体居民收入的 16.3%，2016 年该比例达到 20.4%。从我国情况看，发展不平衡不充分问题仍然突出，城乡区域发展和收入分配差距较大。从国际通用的衡量居民收入分配差距的基尼系数这一指标看，我国居民收入分配差距依然较大。我国 1988 年基尼系数为 0.38，处于较低水平；1995 年基尼系数跃升至 0.46，2008 年超过 0.49；2008 年后，基尼系数总体有所回落，但仍处于较高水平，稳定在 0.46 左右，2022 年基尼系数为 0.466。2013 年以来，中国居民收入前 20% 群体的平均收入是后 20% 群体的 10 倍以上，且并无明显缩小态势。同时，新一轮科技革命和产业变革有力推动了经济发展，也对就业和收入分配产生深刻影响。这些问题，都需要有效应对和解决。促进共同富裕是解决就业和收入分配问题的积极手段。习近平总书记明确指出："我国必须坚决防止两极分化，促进共同富裕，实现社会和谐安定。"

三、共同富裕是新时代社会发展的战略目标

共同富裕既是一个收入平等问题，也是一个发展问题。为什么新时代可以促进共同富裕？从发展阶段看，已经到了扎实推动共同富裕的历史阶段；从可行性看，我国具备了相应的基础和条件。

首先，新中国成立后，我们党始终坚持共同富裕的发展方向，逐步提出并制定了社会主义现代化建设和共同富裕的发展目标与战略部署，清晰勾画了从解决温饱到小康水平，从总体小康到全面小康，进而基本实现全体人民共同富裕的发展目标及路线图和时间表。

新中国成立后，以毛泽东同志为主要代表的中国共产党人逐步提出"四个现代化"的发展目标。1964年，第三届全国人民代表大会提出"在不太长的历史时期内，把我国建设成为一个具有现代农业、现代工业、现代国防和现代科学技术的社会主义强国"的战略目标。改革开放之初，邓小平同志立足社会主义初级阶段的实际，提出在解决温饱问题的基础上，到20世纪末使我国的现代化达到小

康水平的"三步走"战略设想。根据邓小平同志的设想，党的十三大制定了"三步走"战略部署：第一步，实现国民生产总值比1980年翻一番，解决人民的温饱问题；第二步，到20世纪末，使国民生产总值再增长一倍，人民生活达到小康水平；第三步，到21世纪中叶，人均国民生产总值达到中等发达国家水平，人民生活比较富裕，基本实现现代化。20世纪80年代末，我国实现"三步走"发展战略的第一步目标；1995年，"国民生产总值再增长一倍"的目标提前五年实现。1997年，党的十五大提出"进入和建设小康社会"的命题，制定了新"三步走"发展战略：2010年实现国民生产总值比2000年翻一番，使人民的小康生活更加宽裕，形成比较完善的社会主义市场经济体制；2020年，使国民经济更加发展，各项制度更加完善；到21世纪中叶，基本实现现代化，建成富强民主文明的社会主义国家。党的十六大提出在21世纪头20年全面建设惠及十几亿人口的更高水平的小康社会的奋斗目标。根据经济社会发展实际和新的阶段性特征，党的十八大提出全面建成小康社会的战略目标，把"必须坚持走共同富裕道路"作为夺取中国特色社会主义新胜利的八项基本要求之一。党的十九大作出新的"两步走"战略部署：从2020年到2035年，基本实现社会主义现代化。从2035年到本世纪中叶，把我国建成富强民主文明和谐美丽的社会主义现代化强国。党的十九届五中全会对扎实推进共同富裕作出重大战略部署，进一步明确"十四五"发展目标和 2035 年远景目标："十四五"时期全体人民共同富裕迈出坚实步伐；到 2035 年，人的全面发展、全体人民共同富裕取得更为明显的实质性进展。

其次，党的十八大以来，以习近平同志为核心的党中央把握发展阶段新变化，把逐步实现全体人民共同富裕摆在更加重要的位置上，着力推动区域协调发展，采取有力措施保障和改善民生，打赢脱贫攻坚战，全面建成小康社会，在团结带领人民创造美好生活、实现共同富裕的道路上迈出了坚实的一大步。

区域发展协调性增强。区域协调发展是转变经济发展方式、推动经济高质量发展的重要动力，是缩小城乡区域发展差距、促进共同富裕的重要战略安排。党的十八大以来，党中央高度重视促进区域协调发展，继续实施区域发展总体战略，制定一系列具有全局性意义的区域重大战略，深入实施区域协调发展战略、区域重大战略、主体功能区战略、新型城镇化战略，优化重大生产力布局，构建优势互补、高质量发展的区域经济布局和国土空间体系。推动西部大开发形成新格局，推动东北全面振兴取得新突破，促进中部地区加快崛起，鼓励东部地区加快推进现代化。支持革命老区、民族地区加快发展，加强边疆地区建设，推进兴边富民、稳边固边。推进京津冀协同发展、长江经济带发展、长三角一体化发展，推动黄河流域生态保护和高质量发展。高标准、高质量建设雄安新区，推动成渝地区双城经济圈建设。健全主体功能区制度，优化国土空间发展格局。推进以人为核心的新型城镇化，以城市群、都市圈为依托构建大中小城市协调发展格局，推进以县城为重要载体的城镇化建设。同时，在实施科教兴国战略、人才强国战略、乡村振兴战略时注重推动区域协调发展，优化区域开放布局、区域教育资源配置，推进区域科技创新中心建设，推动人才区域合理布局，区域发展协调性增强。

打赢脱贫攻坚战。脱贫攻坚是全面建成小康社会的底线任务，是促进共同富裕的基本要求。党的十八大以来，党中央把脱贫攻坚摆到治国理政重要位置，我国坚持精准扶贫、精准脱贫，做到扶持对象、项目安排、资金使用、措施到户、因村派人、脱贫成效"六个精准"，实施发展生产、易地搬迁、生态补偿、发展教育、社会保障兜底"五个一批"，解决好扶持谁、谁来扶、怎么扶、如何退、如何稳"五个问题"，打赢了人类历史上规模最大、力度最强的脱贫攻坚战。到 2020 年底，全国 832 个贫困县全部摘帽，9899 万农村贫困人口实现脱贫，960 多万贫困人口实现易地搬迁，历史性地解决了绝对贫困问题，创造了人类减贫史上的奇迹。

全面建成小康社会。小康是中华民族的千年梦想和夙愿。新中国成立后，我们党提出并逐步明确社会主义现代化和建设小康社会的战略目标。为实现这一奋斗目标，几代人一以贯之、接续奋斗。

20世纪80年代末，我国成功完成党的十三大提出的第一步目标，解决了人民的温饱问题。20世纪末，我国成功实现了第二步目标，人民生活总体上达到小康水平。但是，当时的总体小康是低水平的、不全面的、发展很不平衡的小康。根据这一实际情况，2002年召开的党的十六大提出在21世纪头20年全面建设惠及十几亿人口的更高水平的小康社会的奋斗目标。根据经济社会发展实际和新的阶段性特征，党的十八大提出全面建成小康社会的战略目标。经过70多年的发展，我国于2020年实现全面建成小康社会的发展目标，经济实力、科技实力、综合国力和人民生活水平跃上了新的大台阶。2020年，国内生产总值达到101万亿元，占全球比重的17.4%；人均国内生产总值达到72447元，折合成美元达到1.1万美元，实现从低收入国家到中等偏上收入国家的历史性跨越；部分地区人均国内生产总值已经达到发达国家水平，有超过4亿并不断扩大的中等收入群体。我国是世界第一制造业大国、货物贸易第一大国、外汇储备第一大国。科技实力实现跨越式发展，进入创新型国家行列。建成世界上最完整的产业体系，产业发展持续向中高端迈进，从传统农业大国成为工业大国、服务业大国。建成世界上规模最大的教育体系、社会保障体系、医疗卫生体系，正向全覆盖、保基本、多层次、可持续的目标迈进。同时，随着全面建成小康社会，我国人民民主不断扩大，文化更加繁荣发展，民生福祉显著提升，生态环境发生历史性变化，为实现共同富裕奠定了更加坚实的基础，创造了更为良好的条件。

第二节　共同富裕的基本内涵

在《现代汉语词典》中，富裕为形容词，意指"（财物）充裕"，我们经常说的生活富裕，即是此意；共同，作为形容词，意指"彼此都具有的；属于大家的"，作为副词，意指"一同，一起（做）"。根据这一解释，共同富裕可以理解为一起实现生活富裕的目标，达到生活富裕的状态。共同富裕，是人类社会的理想目标，既可以理解为一个过程，即实现大家生活都富裕这一理想目标的过程，也可以理解为一种状态，即一起达到生活富裕的状态。

共同富裕是马克思主义的一个基本目标，也是共产主义社会的基本特征和重要目标。共产主义社会的共同富裕建立在生产力高度发达、社会产品极大丰富的基础之上。马克思主义认为，生产力和生产关系的矛盾运动将推动着人类社会从封建社会走向资本主义社会、共产主义社会。社会主义社会是共产主义社会的初级阶段。随着生产力的不断发展，生产力水平的不断提高，人类社会将逐步进入共产主义社会，也将逐步实现共同富裕。共产主义社会的共同富裕，可以理解为一种"生活富裕"的状态，同时，在人类社会向共产主义社会的转变过程之中，共同富裕又是一个走向"生活富裕"的过程。

共同富裕是中国共产党人的不懈追求。中国共产党自成立之日起，就把为中国人民谋幸福、为中华民族谋复兴作为自己的初心和使命，在实践探索中丰富和发展马克思主义共同富裕思想，在继承、发展马克思主义共同富裕思想中推进共同富裕实践。

习近平总书记指出，共同富裕是自古以来我国人民的一个基本理想，是马克思主义的一个基本目标，是社会主义的本质要求，是人民群众的共同期盼。坚持和发展中国特色社会主义，总任务是实现社会主义现代化和中华民族伟大复兴，在本世纪中叶建成富强民主文明和谐美丽的社会主义现代化强国，以中国式现代化推进中华民族伟大复兴。共同富裕是中国式现代化的重要特征，是社会主义现代化的一个重要目标。在全面建设社会主义现代化国家新征程中，我们必须把促进全体人民共同富裕摆在更加重要的位置，脚踏实地、久久为功，向着这个目标更加积极有为地进行努力。

习近平总书记在中央财经委员会第十次会议上指出："共同富裕是全体人民的富裕，是人民群众物质生活和精神生活都富裕，不是少数人的富裕，也不是整齐划一的平均主义，要分阶段促进共同富裕。"① 共同富裕是全体人民共同富裕，是人民群众物质生活和精神

①《在高质量发展中促进共同富裕 统筹做好重大金融风险防范化解工作》，《人民日报》2021年8月18日第1版。

生活都富裕的共同富裕，是指全体人民在以中国式现代化推进强国建设、民族复兴伟业的历史进程中，遵循先富带后富、走向共同富裕的基本道路，辛勤劳动，改革创新，共同建设富强、民主、文明、和谐、美丽的社会主义现代化强国，共享改革发展成果，普遍过上幸福美好的生活。

一、共同富裕是全体人民共同富裕

从共同富裕的主体来说，共同富裕是全体人民的富裕，而不是少数人的富裕。从共同富裕的区域来说，是包括东部、中部、西部地区的富裕，而不是个别地区的富裕；是城市和农村的富裕，而不仅仅是城市的富裕。从共同富裕的群体来说，共同富裕是所有群体、各行业从业人员的富裕，而不仅仅是特定群体、特定从业人员的富裕。习近平总书记在十九届中共中央政治局常委同中外记者见面时指出："全面建成小康社会，一个也不能少；共同富裕路上，一个也不能掉队。"总之，我们的共同富裕，是全体人民的富裕，是整体富裕、普遍富裕。

二、共同富裕是物质生活和精神生活都富裕

共同富裕是要更好满足人民美好生活需要。从共同富裕的客体和内容来说，共同富裕建立在物质产品、精神产品在内的社会总产品充裕的基础之上，是在高度的物质文明、政治文明、精神文明、社会文明、生态文明基础上的物质生活和精神生活的全面富裕。党的二十大报告指出："中国式现代化是物质文明和精神文明相协调的现代化。物质富足、精神富有是社会主义现代化的根本要求。物质贫困不是社会主义，精神贫乏也不是社会主义。"

三、共同富裕是逐步实现的，不是同时富裕同步富裕同等富裕

共同富裕是总体富裕，是逐步实现整体富裕、普遍富裕，不是同时富裕、同步富裕、同等富裕，不是整齐划一的平均主义。习近平总书记指出："全体人民共同富裕是一个总体概念，是对全社会而言的。"[1] 全体人民共同富裕不是所有人都同时富裕，也不是所有地区同时达到一个富裕水准，不同人群实现富裕的时间上有先有后，实现富裕的程度有高有低，不同地区富裕程度也会存在一定差异，不可能齐头并进。

---

① 习近平：《扎实推动共同富裕》，《求是》2021 年第 20 期。

共同富裕的实现过程是缩小和消除贫富差距的过程，在共同富裕的实现过程中富裕程度具有一定差异。共同富裕不是绝对意义上的同等富裕，共同富裕是一个在动态中向前发展的过程，在这一过程中，从共同富裕主体的横向比较来说，是从差距大的富裕走向差距小的富裕；从共同富裕主体自身的发展变化来说，富裕程度是从低到高的发展过程；从共同富裕客体的发展变化来说，是从物质生活、精神生活等方面有差别的富裕走向全部生活方面差别小的富裕。

四、共同富裕需要全体人民共同奋斗

共同富裕不是劫富济贫，共同富裕的实现需要全体人民共同奋斗，改革创新，不断解放和发展社会生产力，在做大蛋糕的基础上分好蛋糕。在实现路径上坚持允许一部分人、一部分地区先富起来，先富带后富、帮后富，重点鼓励辛勤劳动、合法经营、敢于创业的致富带头人，最终走向共同富裕。

总之，从共同富裕的主体来说，共同富裕是全体人民的富裕，不是少数人的富裕；从共同富裕的客体来说，共同富裕是物质生活和精神生活都富裕，不仅仅是物质生活的富裕；从共同富裕的实现过程来说，共同富裕是逐步实现的，不是同时同步同等富裕，是循路径分批次、按阶段分步走向共同富裕。

第三节　共同富裕的战略安排

党的十八大以来，以习近平同志为核心的党中央，高度重视实现全体人民共同富裕，提出坚持走共同富裕道路，朝着共同富裕方向稳步前进；在全面建设社会主义现代化国家的新征程中，要把促进全体人民共同富裕摆在更加重要的位置，在中国式现代化过程中解决好共同富裕问题，并对扎实推动全体人民共同富裕作出新的战略安排。

一、朝着共同富裕方向稳步前进

党的十八大以来，以习近平同志为核心的党中央，始终坚持共同富裕的发展方向，坚持走共同富裕的道路。习近平总书记在十八届中央政治局常委同中外记者见面时指出："我们的责任，就是要团结带领全党全国各族人民，继续解放思想，坚持改革开放，不断解放和发展社会生产力，努力解决群众的生产生活困难，坚定不移走共同富裕的道路。"①习近平总书记在十八届中央政治局第一次全体学习时指出："共同富裕是中国特色社会主义的根本原则，所以必

①《习近平谈治国理政》（第一卷），外文出版社 2018 年版，第 4 页。

须使发展成果更多更公平惠及全体人民,朝着共同富裕方向稳步前进。"① 习近平总书记在党的十八届五中全会第二次全体会议上强调:"我们必须坚持发展为了人民、发展依靠人民、发展成果由人民共享,作出更有效的制度安排,使全体人民朝着共同富裕方向稳步前进,绝不能出现'富者累巨万,而贫者食糟糠'的现象。"② 习近平总书记在省部级主要领导干部学习贯彻党的十九届五中全会精神专题研讨班上强调:"实现共同富裕不仅是经济问题,而且是关系党的执政基础的重大政治问题。"③

二、把促进全体人民共同富裕摆在更加重要的位置

随着脱贫攻坚战取得全面胜利,如期全面建成小康社会,以习近平同志为核心的党中央明确提出把促进全体人民共同富裕摆在更加重要的位置。习近平总书记在《关于〈中共中央关于制定国民经济和社会发展第十四个五年规划和 2035 年远景目标的建议〉说明》中指出:"随着我国全面建成小康社会、开启全面建设社会主义

---

① 《习近平谈治国理政》(第一卷),外文出版社 2018 年版,第 13 页。
② 中共中央文献研究室编:《习近平关于全面建成小康社会论述摘编》,中央文献出版社 2016 年版,第 42 页。
③ 《深入学习坚决贯彻党的十九届五中全会精神 确保全面建设社会主义现代化国家开好局》,《人民日报》2021 年 1 月 12 日第 1 版。

现代化国家新征程，我们必须把促进全体人民共同富裕摆在更加重要的位置，脚踏实地，久久为功，向着这个目标更加积极有为地进行努力。"① 习近平总书记在十九届中央政治局第二十七次集体学习时强调："共同富裕本身就是社会主义现代化的一个重要目标。我们要始终把满足人民对美好生活的新期待作为发展的出发点和落脚点，在实现现代化过程中不断地、逐步地解决好这个问题。要自觉主动解决地区差距、城乡差距、收入差距等问题，坚持在发展中保障和改善民生，统筹做好就业、收入分配、教育、社保、医疗、住房、养老、扶幼等各方面工作，更加注重向农村、基层、欠发达地区倾斜，向困难群众倾斜，促进社会公平正义，让发展成果更多更公平惠及全体人民。"② 在党史学习教育动员大会上，习近平总书记强调："要教育引导全党深刻认识党的性质宗旨，坚持一切为了人民、一切依靠人民，始终把人民放在心中最高位置、把人民对美好生活的向往作为奋斗目标，推动改革发展成果更多更公平惠及全体人民，推动共同富裕取得更为明显的实质性进展，把 14 亿中国人民凝聚成推动中华民族伟大复兴的磅礴力量。"③ 在全国脱贫攻坚总结表彰大会

---

① 《习近平谈治国理政》（第四卷），外文出版社 2022 年版，第 116 页。
② 《完整准确全面贯彻新发展理念 确保"十四五"时期我国发展开好局起好步》，《人民日报》2021 年 1 月 30 日第 1 版。
③ 《学党史悟思想办实事开新局 以优异成绩迎接建党一百周年》，《人民日报》2021 年 2 月 21 日第 1 版。

上，习近平总书记指出："脱贫攻坚战的全面胜利，标志着我们党在团结带领人民创造美好生活、实现共同富裕的道路上迈出了坚实的一大步。同时，脱贫摘帽不是终点，而是新生活、新奋斗的起点。解决发展不平衡不充分问题、缩小城乡区域发展差距、实现人的全面发展和全体人民共同富裕仍然任重道远。"同时，习近平总书记强调："在全面建设社会主义现代化国家新征程中，我们必须把促进全体人民共同富裕摆在更加重要的位置，脚踏实地、久久为功，向着这个目标更加积极有为地进行努力，促进人的全面发展和社会全面进步，让广大人民群众获得感、幸福感、安全感更加充实、更有保障、更可持续。"①

在中国式现代化过程中走向共同富裕。习近平总书记在党的十九届五中全会第二次全体会议上指出："我国现代化是全体人民共同富裕的现代化"，"我国现代化坚持以人民为中心的发展思想，自觉主动解决地区差距、城乡差距、收入分配差距，促进社会公平正义，逐步实现全体人民共同富裕，坚决防止两极分化"。习近平总书记在十九届中央政治局第二十七次集体学习时再次强调："我们不能等实现了现代化再来解决共同富裕问题，而是要始终把满足人民对美好生活的新期待作为发展的出发点和落脚点，在实现现代化过程

---

① 习近平：《在全国脱贫攻坚总结表彰大会上的讲话》，《人民日报》2021年2月26日第2版。

中不断地、逐步地解决好这个问题。"在中央财经委员会第十次会议上，习近平总书记进一步强调："共同富裕是社会主义的本质要求，是中国式现代化的重要特征。"

三、推进共同富裕的"三步走"安排

党的十八大以来，以习近平同志为核心的党中央对扎实推动全体人民共同富裕作出新的战略部署。

党的十九大提出共同富裕的"两步走"安排。党的十九大提出在全面建成小康社会、实现第一个百年奋斗目标的基础上，要乘势而上开启全面建设社会主义现代化国家新征程，向第二个百年奋斗目标进军，在作出新时代"两步走"安排中，明确提出共同富裕的发展目标和战略安排：从 2020 年到 2035 年，基本实现社会主义现代化。人民生活更为宽裕，中等收入群体比例明显提高，城乡区域发展差距和居民生活水平差距显著缩小，基本公共服务均等化基本实现，全体人民共同富裕迈出坚实步伐。从 2035 年到本世纪中叶，把我国建成富强民主文明和谐美丽的社会主义现代化强国。全体人民共同富裕基本实现。

党的十九届五中全会调整和细化"两步走"安排。党的十九届五中全会对扎实推进共同富裕作出重大战略部署，审议通过《中共中央关于制定国民经济和社会发展第十四个五年规划和二〇三五年远景目标的建议》。一是提出了"十四五"时期共同富裕的发展目标。在"民生福祉达到新水平"的目标中，明确提出"十四五"时期"全体人民共同富裕迈出坚实步伐"的发展目标。二是提出了到 2035 年共同富裕的远景目标。在提出 2035 年基本实现社会主义现代化远景目标中，明确提出共同富裕的发展目标："人民生活更加美好，人的全面发展、全体人民共同富裕取得更为明显的实质性进展。"

2021 年，习近平总书记在《求是》第 20 期发表重要文章《扎实推动共同富裕》，明确提出共同富裕的"三步走"战略部署和发展目标：到"十四五"末，全体人民共同富裕迈出坚实步伐，居民收入和实际消费水平差距逐步缩小。到 2035 年，全体人民共同富裕取得更为明显的实质性进展，基本公共服务实现均等化。到本世纪中叶，全体人民共同富裕基本实现，居民收入和实际消费水平差距缩小到合理区间。共同富裕的"三步走"战略安排，提出了共同富裕的发展目标，描绘了共同富裕的发展蓝图，为新时代扎实推动共同富裕制定了时间表、路线图。

第五章
走向共同富裕：路径、原则和示范推广

共同富裕是社会发展到一定程度才能实现的发展目标，社会主义的共同富裕是建立在社会主义现代化基础上的共同富裕，而不是无根之木、无源之水。新时代如何推进共同富裕，习近平总书记指出："总的思路是，坚持以人民为中心的发展思想，在高质量发展中促进共同富裕，正确处理效率和公平的关系，构建初次分配、再分配、第三次分配协调配套的基础性制度安排，加大税收、社保、转移支付等调节力度并提高精准性，扩大中等收入群体比重，增加低收入群体收入，合理调节高收入，取缔非法收入，形成中间大、两头小的橄榄型分配结构，促进社会公平正义，促进人的全面发展，使全体人民朝着共同富裕目标扎实迈进。"[1]

第一节　共同富裕的实现路径

新时代，要坚持以人民为中心的发展思想，以高质量发展为引领，构建初次分配、再分配、第三次分配协调配套的基础性制度安排，推动形成橄榄型分配结构，逐步实现基本公共服务均等化，在建设社会主义精神文明中促进人民精神生活共同富裕，全面推进乡村振兴，促进农民农村共同富裕。

---

[1] 习近平：《扎实推动共同富裕》，《求是》2021 年第 20 期。

一、以高质量发展为引领，在高质量发展中促进共同富裕

发展是实现共同富裕的基础和关键。只有通过发展做大蛋糕，才能实现共同富裕的发展目标。新中国成立特别是改革开放以来，我们始终坚持发展这个党执政兴国的第一要务，在一穷二白的中国逐步解决了温饱问题，实现了脱贫攻坚取得全面胜利、如期全面建成小康社会的发展目标，为促进共同富裕创造了良好条件，步入扎实推动共同富裕的历史阶段。

发展的质量决定共同富裕的成效。高质量发展是全面建设社会主义现代化国家的首要任务和必要条件。新时代，我们要以高质量发展为引领，在高质量发展中探索和开辟共同富裕的新路，在高质量发展中促进共同富裕。以高质量发展为引领，要始终坚持以人民为中心的发展思想，坚持发展为了人民、发展依靠人民、发展成果由人民共享，把满足人民对美好生活的新期待作为发展的出发点和落脚点，不断满足人民日益增长的美好生活需要，持续提高人民生活品质；要科学把握新发展阶段、全面贯彻新发展理念、加快构建新发展格局，加快发展新质生产力，以创新为发展提供不竭动力、以协调推动持续健康发展、以绿色实现永续发展、以开放促进繁荣发展、以共享推动人的全面发展，实现更高质量、更有效率、更加公平、更可持续、更为安全的发展；要提高发展的平衡性、协调性、

包容性，加快完善社会主义市场经济体制，着力推进城乡融合和区域协调发展，增强区域发展的平衡性，实施区域重大战略和区域协调发展战略，强化行业发展的协调性，加快垄断行业改革，推动金融、房地产同实体经济协调发展，支持中小企业发展，推动发展更平衡、更协调、更包容。

二、完善基础性制度安排，推动形成橄榄型分配结构

制度是决定因素，具有根本性、全局性、长期性、稳定性。新时代，扎实推进共同富裕必须构建多层次分配协调配套的基础性制度安排，建立公正合理高效的分配体制机制，为促进共同富裕提供制度规范和制度引导，推动形成橄榄型分配结构。

首先，要构建多层次分配协调配套的基础性制度。构建初次分配、再分配、第三次分配协调配套的基础性制度安排，为促进共同富裕提供制度规范。初次分配是指国民总收入直接与生产要素相联系的分配。初次分配根据土地、劳动力、资本、技术等生产要素在生产过程中的贡献进行分配，是通过市场机制把国民收入分解为工资、利息、利润、租金等生产要素报酬的过程。再分配又称社会转移分配，是国家通过税收和财政支出等形式参与国民收入分配的过程，是在初次分配结果的基础上，各收入主体之间通过各种渠道实

现现金或实物转移的一种收入再次分配过程，也是政府对要素收入进行再次调节的过程。第三次分配是企业、社会组织、家庭和个人等基于自愿原则，以募集、捐赠、资助、义工等慈善、公益方式对所属资源和财富进行的分配。

构建初次分配、再分配、第三次分配协调配套的基础性制度安排，一是完善初次分配政策制度，坚持和完善公有制为主体、多种所有制经济共同发展，按劳分配为主体、多种分配方式并存，社会主义市场经济体制等社会主义基本经济制度，坚持和完善按要素分配政策制度，完善产权保护、市场准入、公平竞争、社会信用等市场经济基础制度，构建高水平社会主义市场经济体制。二是健全再分配政策制度，完善现代税收制度，坚持以共享税为主体的收入划分制度，继续将增值税、企业所得税、个人所得税作为中央和地方共享收入；健全地方税、直接税体系，完善地方税税制，后移消费税征收环节并稳步下划地方，完善综合和分类相结合的个人所得税制度；健全以所得税和财产税为主体的直接税体系，适当提高直接税比重，强化税制的累进性，建立健全有利于高质量发展、社会公平、市场统一的税收制度体系；要健全充分发挥中央和地方两个积极性体制机制，科学划分中央与地方财政事权和支出责任，完善财政转移支付制度；进一步完善预算管理制度，加强预算管理重点环节，提升资金使用效益，健全现代预算制度。三是建立健全第三次分配政策制度，完善公益慈善事业政策法规体系，推进慈善法、公益事业捐赠法、红十字会法、民法典以及基金会管理条例、社会团体登记管理条例、民办非企业单位登记管理暂行条例、志愿服务条例等法律法规立法修订工作，加快公益慈善领域法治建设，构建鼓励非政府组织等社会力量参与第三次分配的政策环境。

其次，要发挥好多层次分配制度协调协同作用。发挥好初次分配的主导性作用。初次分配是共同富裕的基础，是促进共同富裕的重要途径。既要毫不动摇巩固和发展公有制经济，做大做强公有制经济，奠定共同富裕的经济基础，又要毫不动摇鼓励、支持、引导非公有制经济发展，激发非公有制经济活力，让创造财富的源泉涌流；既要发挥市场在资源配置中的决定性作用，促进要素市场化配置，又要更好发挥政府作用，提升政府宏观调控能力和水平；坚持按劳分配为主体、多种分配方式并存，既要鼓励勤劳致富，合法致富，多劳多得，又要坚持按要素贡献参与分配，盘活生产要素，鼓励科技创新，进一步加强要素市场建设，深化要素市场化改革，发挥技术、资本等多种生产要素的积极作用；既要激发各类资本活力，又要遏制资本无序扩张，加强反垄断监管，推进投融资体制改革，规范引导各类资本健康发展。

发挥好再分配的调节作用。再分配是共同富裕的保障，是促进共同富裕的重要手段。要完善税收、财政和转移支付调节机制，加大税收、财政和转移支付调节力度。首先，要完善税收调节机制。一是优化税制结构，健全地方税、直接税体系，适当提高直接税比重。二是完善个人所得税征管机制。个人所得税是收入分配的重要调节机制。当前，个人所得税还存在财力积聚能力不足，综合计征范围较窄，对不同要素、不同群体的收入调节力度不均等问题，要进一步完善综合和分类相结合的个人所得税制度，完善专项附加扣除范围和标准，优化个人所得税税率结构。三是加大消费环节税收调节力度。四是完善税收征管，增强税收对收入分配的调节作用。其次，要完善财政和转移支付调节机制。缩小区域人均财政支出差距，加大财政转移支付力度，逐步实现按常住人口进行均衡性转移支付；调整规范转移支付分类设置，优化转移支付结构，提高一般性转移支付比重，提高均衡性转移支付在一般性转移支付中的比重，发挥转移支付在促进地区均衡发展、调节收入分配中的积极作用。

发挥好第三次分配的补充作用。第三次分配是共同富裕的有益补充，是促进共同富裕的辅助方式。要完善社会组织参与第三次分配的体制机制，落实公益慈善税收优惠政策，建立健全慈善组织、志愿者、捐赠方和政府部门协调联动机制，鼓励企业、社会组织、家庭和个人等以捐赠、资助、募集、义工等慈善、公益方式自愿参与第三次分配和社会共济；要构建促进第三次分配的社会环境，大力弘扬乐善好施、扶贫济困、守望相助的传统文化；要推进慈善组织专业化、规范化建设，加强对慈善行业的监督管理。

最后，要推动形成橄榄型分配结构。要加大收入调节力度，精准施策，推动形成中间大、两头小的橄榄型分配结构，引导全体人民逐步走向共同富裕。要扩大中等收入群体比重。要面向高校毕业生、技术工人、中小企业主和个体工商户、进城农民工、公务员、城乡居民等群体，完善相关体制机制，推动更多低收入人群迈入中等收入行列，推动我国向以中等收入群体为主体的"橄榄型"社会结构转变。要坚持居民收入增长和经济增长基本同步、劳动报酬提高与劳动生产率提高基本同步的原则，提高劳动报酬在初次分配中的比重，完善工资制度，健全工资合理增长机制，建立企业内部的工资协商机制，提高居民收入在国民收入分配中的比重。要提高低收入群体收入水平，保障低收入群体平等权利，坚持在发展中保障和改善民生，提高低收入群体教育水平、知识水平、健康水平、劳动能力和综合素质，加大帮扶力度。要合理调节过高收入，积极稳妥推进房地产税立法和改革，完善个人所得税制度，实施累进个人所得税，可试行征收遗产税与赠与税、资本利得税、特别消费税等税种，加强税收征管。要规范收入分配秩序，依法保护合法收入，坚决取缔非法收入，清理规范不合理收入，加大对垄断行业和国有企业的收入分配管理。要规范财富积累机制，规范投融资行为，强化要素市场化配置，增加城乡居民住房、农村土地、金融资产等各类财产性收入。要推进先富帮后富，鼓励先富群体承担更多社会责任，参与第三次分配。

三、逐步实现基本公共服务均等化，奠定共同富裕的基础和保障

基本公共服务均等化既是实现共同富裕的重要基础，也是共同富裕的重要实现机制。新时期，要完善国家基本公共服务制度，健全基本公共服务标准体系，补齐基本公共服务短板，推动普惠性非基本公共服务提质扩容，改进基本公共服务供给方式，提升基本公共服务供给能力和水平，不断满足人民美好生活需要，进一步夯实共同富裕的基础。

基本公共服务均等化有利于促进共同富裕。首先，基本公共服务均等化是实现共同富裕的重要基础。基本公共服务均等化与共同富裕具有内在关联性和统一性，是共同富裕的基本保障。基本公共服务是保障全体人民生存和发展基本需要的公共服务。共同富裕是物质生活和精神生活的全面富裕，是人民群众生活基本需要得到满足基础上的富裕。基本公共服务包括公共教育、劳动就业创业、社会保险、医疗卫生、社会服务、住房保障、文化体育等领域的核心内容。基本公共服务为人民群众的基本生活需要的满足提供了可靠的保障，奠定了人民群众走向生活富裕富足的基础。劳动就业创

业、公共教育、医疗卫生、社会保险、公共住房等基本公共服务为人民富裕富足的物质生活提供了基本保障，公共教育、公共文化体育等基本公共服务为人民健康丰富的精神生活提供了文化滋养。其次，基本公共服务均等化是共同富裕的重要实现机制。基本公共服务均等化是政府再分配的重要形式，在调节收入分配、促进社会公平、保障国民基本生存和发展权利等方面发挥着重要作用。公共服务是政府的重要职能之一。政府以财政支出形式向公众提供公共服务，实质上是国民收入的再分配过程。基本公共服务是公共服务中的基础和核心组成部分，是最基本的民生需求。一方面，中央和地方政府通过财政支出提供基本公共服务，满足公众生存和发展的基本需要，客观上起到了缩小和调节区域、城乡、不同群体间收入差距的作用。另一方面，公共教育、医疗卫生、社会保险等基本公共服务为人的全面发展提供了基本的社会环境和相对公平的发展机会，有利于消除贫困的代际传递，促进全体人民走向共同富裕。可以说，基本公共服务均等化是收入分配的重要调节机制，具有很好的收入调节效应。

基本公共服务还存在需要改善的领域。从基本公共服务均等化的进展来看，《中华人民共和国国民经济和社会发展第十一个五年规划纲要》中提出"逐步推进基本公共服务均等化"，《国家基本公共服务体系"十二五"规划》系统阐明国家基本公共服务的制度安排，明确了基本公共服务的基本范围，包括服务项目、服务对象、保障标准、支出责任、覆盖水平等基本标准，提出了基本公共服务工作重点、保障工程。随着《"十三五"推进基本公共服务均等化规划》的实施，基本公共服务制度体系更加健全，基本公共服务资源持续向基层、农村、边远地区和困难群众倾斜，城乡区域人群间基本公共服务差距不断缩小，城乡区域基本公共服务均等化水平不断提高，公共服务供给保障能力全面提升，生活服务快速发展，人民生活得到显著改善。我们也要看到，基本公共服务还存在一些需要改善的领域，主要有：一是基本公共服务仍然存在短板，某些基本公共服务领域仍然存在一定的城乡、区域差距。二是基本公共服务供给需求结构应及时调整，新型城镇化、人口老龄化和少子化、人口流动和人口减少等给基本公共服务的供给结构、资源布局、服务成本、供给效能等带来新的挑战。三是基本公共服务的优质化需要进一步推进。有些基本公共服务领域仍然存在重硬件建设轻管理服务的现象，特别是农村地区的教育、医疗等基本公共服务水平还须进一步提升。同时，随着全面小康社会的建成，面对走向共同富裕社会的新形势新目标，基本公共服务需要在普惠化均等化的基础上，进一步提质增效，实现基本公共服务的优质化，以进一步满足人民的美好生活需要，提升人民生活品质。四是基本公共服务的供给需求衔接仍需加强。基本公共服务仍然存在供给总量不足和供给分布不均等问题，还存在需求识别不精准导致供给低效或无效的问题。

在实现基本公共服务均等化中促进共同富裕。党的二十大提出，要健全基本公共服务体系，提高公共服务水平，增强均衡性和可及性。为完成2035年基本公共服务实现均等化和推动共同富裕取得更为明显的实质性进展，要进一步完善国家基本公共服务制度，完善均等化的体制机制，进一步补齐短板，改善供需结构，提升基本公共服务能力和水平，为共同富裕夯实基础。

一是完善国家基本公共服务制度。要推进基本公共服务城乡一体化，按照常住人口安排基本公共服务财政支出和转移支付，将流动人口、转移人口纳入地方政府基本公共服务目标人群，要完善基本医疗、公共卫生等基本公共服务的便利可及程度，推进异地就医结算，提高社会保险的统筹层次，逐步实现按常住人口提供基本公共服务。要加大普惠性人力资本投入，有效减轻困难家庭教育负担，提高低收入群众子女受教育水平；完善养老和医疗保障体系，逐步缩小城镇职工与居民、城市与农村的筹资和保障待遇差距，逐步提高城乡居民基本养老金水平。要完善兜底救助体系，加快缩小社会救助的城乡标准差异，逐步提高城乡最低生活保障水平，兜住基本生活底线。要完善住房供应和保障体系，租购并举，完善长租房政策，扩大保障性租赁住房供给，重点解决好新市民住房问题。要健全基本公共服务均等化的实现机制，完善基本公共服务的统筹协调、财力保障、人才建设、多元供给、监督评估等推进机制。

二是健全标准，补齐短板。要健全基本公共服务标准体系，围绕"幼有所育、学有所教、劳有所得、病有所医、老有所养、住有所居、弱有所扶、优军服务有保障、文体服务有保障"的民生保障目标，完善国家基本公共服务标准，明确基本公共服务项目的服务对象、服务内容、服务标准、牵头负责单位及支出责任，实现投入有保障、目标人群全覆盖、服务全达标。要进一步补齐基本公共服务短板，提高基本公共服务的覆盖面，加大对农村、边远地区基本服务的投入力度，推动基本公共服务均等化与实现共同富裕的相互促进。

三是推动普惠性非基本公共服务提质扩容。要紧扣人民群众"急难愁盼"的突出问题，逐步推动公共服务数量和质量提升，推动普惠性非基本公共服务付费可享有、价格可承受、质量有保障、安全有监管，不断满足人民群众日益增长的美好生活需要，逐步实现幼有善育、学有优教、劳有厚得、病有良医、老有颐养、住有宜居、弱有众扶，为人的全面发展提供良好的社会条件，提升全员综合素质和能力，为经济高质量发展提供内在动力。

四是改进基本公共服务供给方式。要通过公共服务供给创新改进公共服务供给方式，积极探索大数据、人工智能、云计算等数字技术、网络信息技术在公共服务领域的运用，推进互联网 + 基本公共服务和区块链＋基本公共服务，推动公共服务思维方式转变、体系重构和效率提升，提高基本公共服务的智能化、便利化、科学化、精细化水平；要推进基本公共服务供给侧结构性改革，适时调整基本公共服务资源投入方向、空间布局，优化供给结构和质量，实现供给和需求的对接、匹配和平衡，改善需求识别不精准导致的供给低效或无效问题，确保基本公共服务精准供给、有效供给，更好满足人民群众对于美好生活的更高期待，提升基本公共服务供给效能。

四、建设社会主义文化强国，促进人民精神生活共同富裕

精神立则民族立，精神强则国家强。新时代推进精神生活共同富裕，要坚持精神富裕的前进方向和目标，在建设社会主义文化强国、建设社会主义精神文明中促进人民精神生活共同富裕，要加强舆论引导，形成促进共同富裕的正确认识，凝聚促进共同富裕的精神力量。

精神富裕是共同富裕的必然要求。首先，精神富裕是共同富裕的重要内容。人类社会发展史是人类追求物质富裕和精神富裕的历史。人是具有自我意识的能动性存在，人在改造客观世界和主观世界的过程中，创造着物质财富和精神财富，物质世界满足了人的肉体生理需求，精神世界满足了人的主体精神需求。人类在走向共产

主义社会过程中，也将逐步实现物质富裕和精神富裕的共同富裕。其次，精神富裕是社会主义的本质要求。共产主义社会是人类社会的理想社会形态，是全体人民共同富裕的社会，是人的全面而自由发展的社会。社会主义社会是共产主义社会的初级阶段，是物质财富不断丰富、人民精神境界不断提高的社会，是全体人民走向共同富裕的发展阶段。早在改革开放之初，邓小平同志就指出："我们要建设的社会主义国家，不但要有高度的物质文明，而且要有高度的精神文明。"[①] 习近平总书记指出："物质富足、精神富有是社会主义现代化的根本要求。物质贫困不是社会主义，精神贫乏也不是社会主义。"[②] "只有物质文明建设和精神文明建设都搞好，国家物质力量和精神力量都增强，全国各族人民物质生活和精神生活都改善，中国特色社会主义事业才能顺利向前推进。"[③] 最后，精神富裕是中国式现代化的重要特征。习近平总书记指出："中国式现代化是物质文明和精神文明相协调的现代化。""实现中国梦，是物质文明和精神文明均衡发展、相互促进的结果。没有文明的继承和发展，没有文化的弘扬和繁荣，就没有中国梦的实现。"[④] 在以中国式现代化全面

① 《邓小平文选》（第 2 卷），人民出版社 1994 年版，第 367 页。
② 《习近平著作选读》（第一卷），人民出版社 2023 年版，第 19 页。
③ 《习近平关于总体国家安全观论述摘编》，中央文献出版社 2018 年版，第 99 页。
④ 中共中央党史和文献研究院编：《习近平关于社会主义精神文明建设论述摘编》，中央文献出版社 2022 年版，第 19 页。

推进中华民族伟大复兴的历史进程中，既要建设高度的物质文明，也要建设高度的精神文明，持续推进物质文明和精神文明协调发展，促进全体人民物质生活和精神生活共同富裕。

精神富裕是人民精神生活的全面富裕。精神富裕是人们精神生活的充实和精神财富的富有。精神富裕建立在社会精神文化资源和产品丰富优质的基础之上，表现为社会成员精神生活充实健康、充满活力、丰富多彩。精神富裕是精神生活的全面富裕，从个人层面看，是精神需求的满足、精神生活的充实、精神境界的高尚；从社会层面看，是精神文明的高度发达，是精神文化资源的富饶、精神文化产品的丰富、精神文化创造的活跃、精神文化力量的彰显。尽管精神生活富裕不如物质生活富裕那样直观、易于衡量，但也有其表现形式和鲜明特征。一个精神富裕的人，一定"是一个高尚的人，一个纯粹的人，一个有道德的人，一个脱离了低级趣味的人，一个有益于人民的人"。一个精神富裕的民族，一定拥有深厚的文化底蕴、丰富的精神文化创造、共同的精神文化家园，具有崇德向善的价值追求、自信自强的精神品格，具备天下为公、开放包容、兼收并蓄的宽广胸怀。

在建设社会主义精神文明中促进人民精神生活共同富裕。一个没有精神力量的民族难以自立自强，一项没有文化支撑的事业难以持续长久。共同富裕是包括物质生活富裕、精神生活富裕在内的共同富裕，共同富裕建立在物质文明、精神文明高度发达的基础之上。实现人民精神生活共同富裕，要以建设社会主义文化强国为依托，与建设社会主义精神文明相协同，始终坚持人民精神生活共同富裕的前进方向，繁荣发展社会主义先进文化。

要坚持精神富裕的正确方向，强化社会主义核心价值观引领。我们所要实现的精神富裕，是社会主义社会的精神富裕，是在中国共产党领导下，建立在中国特色社会主义文化、社会主义精神文明的基础之上的精神富裕。促进人民实现精神生活共同富裕，要坚持马克思主义在意识形态领域的指导地位，强化社会主义核心价值观引领，加强爱国主义、集体主义、社会主义教育。要加强教育引导、实践养成、制度保障，推动社会主义核心价值观内化为人们的价值导向和精神追求，外化为人们的行为规范和自觉行动。

要完善公共文化服务体系，提升公共文化服务水平。要提升公共文化供给数量和质量，不断满足人民群众多样化、多层次、多方面的精神文化需求。要加大公共文化服务体系建设力度，科学设定服务半径和服务人口，推动公共文化设施建设布局更加均衡，推进公共图书馆等公共文化设施功能转型升级；要完善城乡公共文化服务协同发展机制，逐步实现基本公共文化服务均等化；要精准对接人民群众文化需求，增强公共文化服务的实效性；要大力发展公共文化事业，广泛开展群众文艺创作和活动，实施全民艺术普及工程，繁荣群众文艺；要加强数字文化内容资源和管理服务大数据资源建设，加快公共文化网络平台建设，推动公共文化服务数字化、网络化、智能化发展，推动公共文化服务融合发展、提质增效。

要加强舆论引导，凝聚促进共同富裕的整体合力。物质生活富裕是精神生活富裕的物质基础，精神生活富裕是物质生活富裕能够持续推进的思想动力。精神作为一种社会意识具有相对独立性，一种精神文明只有内化为人们的自觉意识，才能具有磅礴的精神力量。新时代推进精神生活共同富裕，一方面要加强舆论引导，将社会主义精神文明成果内化为人们的自觉意识。要坚持把马克思主义基本原理同中国具体实际相结合、同中华优秀传统文化相结合，推动中华优秀传统文化、中国共产党人精神谱系的传承和发展，推动中华优秀传统文化创造性转化、创新性发展，加强中国共产党人精神谱系的宣传教育、传承弘扬，凝聚实现共同富裕的精神力量。另一方面要通过舆论引导形成促进共同富裕的思想共识。实现人民精神生活共同富裕是一项长期性、艰巨性、复杂性的系统工程，需要坚持持续发力，久久为功。在推进人民精神生活共同富裕的过程中，既要防止急于求成，又要克服畏难情绪；既要目光长远，向着共同富裕的远大目标勇毅前行，又要立足当下，脚踏实地，根据现有条件把能做的事情尽量做起来，积小胜为大胜。要加强共同富裕的舆论引导，澄清各种模糊认识，厘清各种错误观点，化解社会疑虑、稳定社会预期，激发全社会奋斗意志、必胜信心，形成促进共同富裕的思想共识，凝聚促进共同富裕的整体合力。

五、全面推进乡村振兴，促进农民农村共同富裕

促进共同富裕，最艰巨最繁重的任务仍然在农村。习近平总书记指出："中国要强，农业必须强；中国要美，农村必须美；中国要富，农村必须富。"新时代要以农业强、农村美、农民富为目标，巩固拓展脱贫攻坚成果，拓宽农民增收致富渠道，全面推进乡村振兴，推动城乡融合发展，扎实推进宜居宜业和美乡村建设，促进农民农村共同富裕。

巩固拓展脱贫攻坚成果。一是坚决守住不发生规模性返贫底线，落实巩固拓展脱贫攻坚成果责任，完善覆盖农村人口的常态化防止返贫致贫机制，强化防止返贫动态监测，对易返贫致贫人口要重点关注、及早干预，对脱贫县要扶上马送一程，确保不发生规模性返贫和新的致贫，落实开发式帮扶措施。健全脱贫攻坚国家投入形成资产的长效管理机制。健全分层分类的社会救助体系，做好兜底保障，巩固提升"三保障"和饮水安全保障成果。二是增强脱贫地区和群众内生发展动力，把增加脱贫群众收入作为根本要求，把促进脱贫县加快发展作为主攻方向，更加注重扶志扶智，持续做好产业

就业帮扶。中央财政衔接推进乡村振兴补助资金重点用于产业发展，鼓励农户发展庭院经济。深入开展多种形式的消费帮扶。深化东西部劳务协作，实施防止返贫就业攻坚行动，持续运营好就业帮扶车间和其他产业帮扶项目，充分发挥乡村公益性岗位就业保障作用。深入开展"雨露计划+"就业促进行动、巩固易地搬迁脱贫成果专项行动和搬迁群众就业帮扶专项行动。三是稳定完善帮扶政策，落实巩固拓展脱贫攻坚成果同乡村振兴有效衔接政策，保持脱贫地区信贷投放力度不减，组织东部地区经济较发达县（市、区）与脱贫县开展携手促振兴行动，持续做好中央单位定点帮扶，深入推进"万企兴万村"行动，探索过渡期之后农村低收入人口和欠发达地区常态化帮扶机制。

拓宽农民增收致富渠道，强化各项稳岗纾困政策落实，稳定农民工就业，促进农民工职业技能提升；加强返乡入乡创业园、农村创业孵化实训基地等建设；推广以工代赈，适当提高劳务报酬发放比例。促进农业经营增效，支持家庭农场组建农民合作社、合作社根据发展需要办企业，带动小农户合作经营、共同增收。推动农业社会化服务，引导土地经营权有序流转，发展农业适度规模经营。赋予农民更加充分的财产权益，深化农村土地确权赋权改革，有序实现活权，稳慎推进农村宅基地制度改革试点，探索宅基地"三权分置"有效实现形式。深化农村集体经营性建设用地入市试点，探索建立兼顾国家、农村集体经济组织和农民利益的土地增值收益调节机制。健全农村集体资产运行机制和监管体系。继续深化集体林权制度改革。

全面推进乡村振兴。强国必先强农,农强方能国强。扎实推动乡村产业、人才、文化、生态、组织振兴,建设供给保障强、科技装备强、经营体系强、产业韧性强、竞争能力强的农业强国。巩固和完善农村基本经营制度,有序推进土地承包到期后再延长三十年试点,深化承包地所有权、承包权、经营权分置改革,发展农业适度规模经营,完善农业经营体系。全面落实粮食安全党政同责,加强耕地保护和用途管控,牢牢守住十八亿亩耕地红线,实施种业振兴行动,健全种粮农民收益保障机制和主产区利益补偿机制,确保中国人的饭碗牢牢端在自己手中。树立大食物观,发展现代设施农业,建设优质节水高产稳产饲草料生产基地,大力发展青贮饲料、林下种养,推进草原畜牧业转型升级;发展大水面生态渔业,建设现代海洋牧场;培育壮大食用菌和藻类产业,构建粮经饲统筹、农林牧渔结合、植物动物微生物并举的多元化食物供给体系。加强农业基础设施建设,重点补上土壤改良、农田灌排设施等短板,统筹推进高效节水灌溉,逐步把永久基本农田全部建成高标准农田;扎实推进重大水利工程建设,加快构建国家水网骨干网络;强化农业防灾减灾能力建设。强化农业科技和装备支撑,推动农业关键核心技术攻关，深入实施种业振兴行动，加快先进农机研发推广，推进农业绿色发展，严格执行休禁渔期制度，加大草原保护修复力度。推动乡村产业高质量发展，做大做强农产品加工流通业，加快发展现代乡村服务业，全面推进县域商业体系建设。培育乡村新产业新业态，创建农业产业强镇、现代农业产业园、优势特色产业集群，实施文化产业赋能乡村振兴计划；培育壮大县域富民产业，实施"一县一业"强县富民工程。健全乡村振兴多元投入机制，加强乡村人才队伍建设，推进县域城乡融合发展。

扎实推进宜居宜业和美乡村建设。加强村庄规划建设，扎实推进农村人居环境整治提升，持续开展村庄清洁行动，推进户内改厕，加强公厕建设维护，推进农村生活污水治理、生活垃圾清运处置。加强乡村基础设施建设，加强农村公路养护和安全管理，推进农村规模化供水工程建设和小型供水工程标准化改造，推进农村电网巩固提升，支持农村危房改造和抗震改造，开展现代宜居农房建设示范。深入实施数字乡村发展行动，推动数字化应用场景研发推广，加快农业农村大数据应用，推进智慧农业发展。推动基本公共服务资源下沉，推进县域内义务教育优质均衡发展，推进医疗卫生资源县域统筹，深化农村社会工作服务。强化农村基层党组织政治功能和组织功能，提升乡村治理效能，加强农村精神文明建设。

第二节　共同富裕的基本原则

　　新时代促进共同富裕，要鼓励勤劳创新致富，在共同奋斗中走向共同富裕；坚持基本经济制度，让创造社会财富的源泉充分涌流；坚持尽力而为量力而行，形成人人享有的合理分配格局。

一、鼓励勤劳创新致富，在共同奋斗中走向共同富裕

　　共同富裕需要全体人民依靠勤劳智慧来创造。共同富裕的"共同"蕴含主体的全民性，即全体人民一起走向富裕，还有全体人民共创社会财富、共享改革发展成果之意。幸福生活是奋斗出来的。共同富裕的实现需要全体人民共同努力，勤奋劳动，在共同建设社会主义现代化强国中走向共同富裕。共同富裕要破除"等靠要"思想，拒绝"躺平"。

　　共同富裕需要坚持创新发展。共同富裕建立在生产力高度发达的基础之上。只有生产力高度发达，共同富裕才能充分实现。共同富裕的"富裕"蕴含社会产品的极大丰富，要求社会生产力的高度发展。生产力的发展离不开科学技术的进步。创新是引领发展的第一动力，技术创新是推动科技进步的重要动力。共同富裕的实现需要充分发挥劳动人民的智慧，坚持改革创新，解放和发展生产力，

在共促发展中走向共同富裕。

共同富裕需要充分发挥劳动人民的主观能动性。劳动人民是发展生产力的主体，要发挥广大劳动人民的积极性、主动性、创造性，不断提高劳动人民的能力和素质，持续增进民生福祉，为人民提高受教育程度、增强发展能力创造更加普惠公平的条件，提升全社会人力资本和专业技能，提高就业创业能力，增强致富本领。要围绕发挥劳动人民的智慧和汗水，畅通向上流动通道，给更多人创造致富机会，形成人人参与的发展环境。

二、坚持基本经济制度，让创造社会财富的源泉充分涌流

基本经济制度是中国共产党和人民的伟大创造。公有制为主体、多种所有制经济共同发展，按劳分配为主体、多种分配方式并存，社会主义市场经济体制等社会主义基本经济制度，在经济制度体系中具有基础性决定性地位，是中国特色社会主义制度的重要支柱。社会主义基本经济制度决定着社会主义制度的性质和发展方向，是新中国成立以来在国家发展历程中形成的，既体现了社会主义制度优越性，又同我国社会主义初级阶段社会生产力发展水平相适应，是党和人民的伟大创造。

基本经济制度为共同富裕提供了可靠的制度保障。社会主义基

本经济制度规定了我国经济关系的基本原则，明确人们在生产、分配、交换和消费中的地位及相互关系，确保经济制度的社会主义属性，是全体人民共同富裕可靠的制度安排和制度保障，有利于实现共同富裕，有利于激发各类市场主体活力、解放和发展社会生产力，有利于调动各方面资源，避免了许多资本主义国家存在的贫富差距拉大、社会矛盾加深等弊病。生产资料所有制是生产关系的核心，决定着社会的性质和发展方向。公有制为主体、多种所有制经济共同发展，是基本经济制度的基础。公有制经济为国家建设、国防安全、人民生活改善作出突出贡献。公有制主体地位、国有经济主导作用是坚持我国社会主义制度的重要保证，是全体人民共享发展成果、走向共同富裕的根本制度保障。非公有制经济是社会主义市场经济的重要组成部分，具有机制灵活、市场适应能力强、资源配置效率高的优势，在稳定增长、促进创新、增加就业、改善民生等方面发挥着重要作用。按劳分配为主体、多种分配方式并存的分配制度，有利于充分调动各方面积极性，有利于实现效率和公平有机统一。社会主义市场经济体制既能发挥市场经济的长处，又能发挥社会主义制度的优越性。

坚持和完善社会主义基本经济制度。我国仍处于并将长期处于社会主义初级阶段，必须牢牢坚持社会主义基本经济制度，毫不动摇巩固和发展公有制经济，毫不动摇鼓励、支持、引导非公有制经济发展，充分发挥市场在资源配置中的决定性作用，更好发挥政府作用。要深化国资国企改革，加快国有经济布局优化和结构调整，推动国有资本和国有企业做强做优做大，提升企业核心竞争力。要优化民营企业发展环境，依法保护民营企业产权和企业家权益，支持中小微企业发展，促进民营经济发展壮大，发挥非公有制经济在稳定增长、促进创新、增加就业、改善民生等方面的重要作用。要允许一部分人先富起来，先富带后富、帮后富，重点鼓励辛勤劳动、合法经营、敢于创业的致富带头人，发挥高收入群体和企业家作用，调动一切可以调动的积极性，让一切创造社会财富的源泉充分涌流。要推动有效市场和有为政府更好结合，把完善产权制度和要素市场化配置作为重点，建设统一开放、竞争有序的市场体系，进一步激发全社会创造力和市场活力。

三、坚持尽力而为量力而行，形成人人享有的合理分配格局

坚持尽力而为量力而行。共同富裕是社会主义现代化的一个重要目标，是全国人民的共同期盼和共同愿望。不积跬步，无以至千里。一方面，我们要坚持尽力而为，不能等实现了现代化再来解决共同富裕问题，而要根据现有条件把能做的事情尽量做起来，在实现现代化过程中，必须把促进全体人民共同富裕作为为人民谋幸福

的着力点，瞄准共同富裕的发展目标，一步一步向前走，持续朝着全体人民共同富裕的目标前进，最终实现全体人民共同富裕。另一方面，我们要量力而行，不能好高骛远，不能做超越发展阶段的事情，不能脱离经济社会发展实际，树立实现不了的发展目标，作出兑现不了的承诺。

构建人人享有的合理分配格局。共享发展成果，才能实现共同富裕。共享发展成果是社会主义国家的内在要求，是社会主义国家区别于资本主义国家的本质特征之一。人民不仅是共同建设现代化国家的主体，也是共享发展成果的主体。要坚持以人民为中心的发展思想，坚持发展为了人民、发展依靠人民、发展成果由人民共享，要建立科学的公共政策体系，正确处理效率和公平的关系，构建初次分配、再分配、第三次分配协调配套的基础性制度安排，在做大蛋糕的同时分好蛋糕，形成人人享有的合理分配格局，使全体人民朝着共同富裕方向稳步前进。

坚持在发展中保障和改善民生。我们的共同富裕，是要更好满足人民美好生活需要。民生是人民幸福之基、社会和谐之本。增进民生福祉，是发展的根本目的，是我们党的宗旨的根本要求和具体体现。坚持在发展中保障和改善民生，把满足人民对美好生活的新期待作为发展的出发点和落脚点，统筹需要和可能，把保障和改善民生建立在经济发展和财力可持续的基础之上，既要避免保障不足，又要避免福利陷阱。一方面，要坚持尽力而为，不断增进民生福祉。要以保障群众基本生活为目标，保障好民生，不断促进社会公平正义；以带领人民创造美好生活为目标，改善好民生，不断满足人民日益增长的美好生活需要。另一方面，要坚持量力而行，以保障适度为原则，避免福利陷阱。要立足国情，着眼长远，重点加强基础性、普惠性、兜底性民生保障建设，以保基本、补短板为重点，合理引导预期，推动民生事业持续健康发展，保证全体人民在共建共享发展中有更多获得感。

四、坚持循序渐进，稳步推进

共同富裕是一个伟大和艰巨的目标。共同富裕是人类社会的美好理想，不是轻而易举能够实现的，需要付出艰辛的努力。共同富裕需要具备生产力高度发达、社会产品极为丰富的基本条件，建立在高度的物质文明、政治文明、精神文明、社会文明、生态文明基础上。只有在我国全面建成富强民主文明和谐美丽的社会主义现代化强国的基础上，才能基本实现全体人民共同富裕的发展目标。

共同富裕是一个长远而复杂的目标。共同富裕的实现需要一个过程，不可能一蹴而就。我们对其长期性、艰巨性、复杂性要有充分估计。一些发达国家工业化搞了几百年，但由于社会制度原因，到现在共同富裕问题仍未解决，贫富悬殊问题反而越来越严重。我们要清醒地认识到，尽管我国具有社会制度等方面的优势，但我们工业化、城镇化、信息化等现代化建设的时间还不长，全面建设社会主义现代化国家目标的实现也不是一蹴而就的，更不是轻轻松松，敲锣打鼓就能实现的。

实现共同富裕，要坚持循序渐进，稳步推进。实现共同富裕等不得，也急不得。我们要坚持科学规划先行，扎实落实跟进，注重前瞻性与实效性，既不能盲目冒进，也不能不思进取，要结合实际，一件事一件事实打实地办好。要把顶层设计与地方探索相结合，要抓好浙江共同富裕示范区建设，鼓励各地因地制宜探索有效路径；要适时总结推进共同富裕的基本经验，逐步在全国其他地区推广。

第三节　共同富裕的示范推广

新时代扎实推进共同富裕，需要选取部分地区先行先试、作出示范。党中央根据浙江省所具备的优势，决定支持浙江高质量发展建设共同富裕示范区，旨在通过实践进一步丰富共同富裕的思想内涵，为全国推进共同富裕提供省域范例。

一、浙江共同富裕示范区的优势

2021 年 5 月，《中共中央 国务院关于支持浙江高质量发展建设共同富裕示范区的意见》（以下简称《意见》）发布，赋予浙江新的使命。为全面落实《意见》，2021 年 7 月，浙江省制定并公布"十四五"时期的实施方案——《浙江高质量发展建设共同富裕示范区实施方案（2021—2025 年）》（以下简称《方案》）。在新的时代背景下，如何实现高质量发展，更好实现人民群众对美好生活的追求，浙江的实践探索具有重要意义。

《意见》明确指出："当前，我国发展不平衡不充分问题仍然突出，城乡区域发展和收入分配差距较大，各地区推动共同富裕的基础和条件不尽相同。促进全体人民共同富裕是一项长期艰巨的任务，需要选取部分地区先行先试、作出示范。"经过多年探索，我国已经从根本上解决了贫困问题，但在如何致富问题上还要探索积累经验。在顶层设计的基础上，我们更应因地制宜，制定不同区域规划，通过"试点、逐步推广"的方式为顶层设计的全面展开积累经验。《意见》和《方案》充分证明了面对共同富裕这个艰巨的任务，我们应采取循序渐进模式来逐步推进。

浙江省在探索解决发展不平衡不充分问题方面取得了明显成效，具备开展共同富裕示范区建设的基础和优势，也存在一些短板弱项，具有广阔的优化空间和发展潜力。支持浙江高质量发展建设共同富裕示范区，有利于通过实践进一步丰富共同富裕的思想内涵，有利于探索破解新时代社会主要矛盾的有效途径，有利于为全国推动共同富裕提供省域范例，有利于打造新时代全面展示中国特色社会主义制度优越性的重要窗口。

二、浙江共同富裕示范区的目标

共同富裕具有鲜明的时代特征和中国特色，是全体人民通过辛勤劳动和相互帮助，普遍达到生活富裕富足、精神自信自强、环境宜居宜业、社会和谐和睦、公共服务普及普惠，实现人的全面发展和社会全面进步，共享改革发展成果和幸福美好生活。浙江省首先提出七大发展目标。

第一，率先基本建立推动共同富裕的体制机制和政策框架，努力成为共同富裕改革探索的省域范例。浙江将多措并举，各方协调，形成先富带后富、推动共同富裕的目标体系、工作体系、政策体系、评价体系，形成一些可复制、可推广的普遍性经验。第二，率先基本形成更富活力、创新力、竞争力的高质量发展模式，努力成为经济高质量发展的省域范例。浙江将在经济发展质量效益、创业创新创造动能释放、高水平创新和科技创新高地建设、产业升级和消费升级等方面发力，在率先实现共同富裕进程中畅通经济良性循环，打造强劲活跃的增长极。第三，率先基本形成橄榄型社会结构，努力成为地区、城乡、收入差距持续缩小的省域范例。浙江明确提出居民人均可支配收入与人均生产总值之比持续提高，达到50%以上；中等收入群体规模不断扩大，家庭年可支配收入10万—50万元和20万—60万元群体比例力争分别达到80%和45%；城乡差距显著缩小，城乡居民收入倍差缩小到1.9以内。第四，率先基本实现人的全生命周期公共服务优质共享，努力成为共建共享品质生活的省域范例。浙江将实现基本公共服务均等化，在更高水平上推进幼有所育、学有所教、劳有所得、病有所医、老有所养、住有所居、弱有所扶。第五，人文之美更加彰显，努力成为精神普遍富足的省域范例。浙江将基本建成以社会主义核心价值观为引领、传承中华优秀文化、体现时代精神、具有江南特色的文化强省，并将使社会主义核心价值观广为践行，人文精神凝聚力显著增强，人文关怀体现到城乡每个角落。第六，生态之美更加彰显，努力成为全域美丽大花园建设的省域范例。浙江将持续建设美丽中国先行示范区，改善生态环境状况，推进碳达峰行动，促进"绿水青山就是金山银山"的生态价值转化。第七，和谐之美更加彰显，努力成为社会和睦团结向上的省域范例。党建统领的整体智治体系基本建成，法治中国、平安中国示范区建设一体推进，清廉浙江建设纵深推进，政治生态显著优化，全面从严治党成效进一步彰显，基本形成活力和秩序有机统一的现代化社会。

在发展目标上，浙江还规划了"两步走"战略。

第一步，到2025年，浙江省推动高质量发展建设共同富裕示范区取得明显实质性进展。经济发展质量效益明显提高，人均地区生产总值达到中等发达经济体水平，基本公共服务实现均等化；城乡区域发展差距、城乡居民收入和生活水平差距持续缩小，低收入群体增收能力和社会福利水平明显提升，以中等收入群体为主体的橄榄型社会结构基本形成，全省居民生活品质迈上新台阶；国民素质和社会文明程度达到新高度，美丽浙江建设取得新成效，治理能力明显提升，人民生活更加美好；推动共同富裕的体制机制和政策框架基本建立，形成一些可复制、可推广的成功经验。第二步，到2035年，浙江省高质量发展取得更大成就，基本实现共同富裕。人均地区生产总值和城乡居民收入争取达到发达经济体水平，城乡区域协调发展程度更高，收入和财富分配格局更加优化，法治浙江、平安浙江建设达到更高水平，治理体系和治理能力现代化水平明显提高，物质文明、政治文明、精神文明、社会文明、生态文明全面提升，共同富裕的制度体系更加完善。

浙江共同富裕示范区建设的目标是实现全体人民共同富裕，这不仅是一项经济任务，更是一项社会、文化和环境方面的综合挑战。

为实现这一目标，浙江省委、省政府提出了一系列具体指标，包括人均生产总值、居民人均可支配收入、数字经济增加值比重、地区人均国内生产总值最高最低倍差、地区人均可支配收入最高最低倍差、城乡居民收入倍差、家庭年可支配收入占比、人均预期寿命、国民体质合格率、生活垃圾分类覆盖面和重点生物物种保护率等。

三、浙江共同富裕示范区的举措

浙江省着力推进体制机制改革创新，激发市场、政府、社会、文化、技术等多种机制的作用，以满足人民日益增长的美好生活需要，从十个方面以具体的措施来保证目标的实现。

一是优化产业结构。通过推动数字经济、绿色经济等高质量发展，提高产业链水平，培育新的经济增长点，为全省经济发展提供持续动力。二是增强创新能力。具体表现在加大科技创新投入，提高科技成果转化效率，推动产业升级，提升全要素生产率。三是深化收入分配制度改革。通过完善税收、社会保障、转移支付等制度，合理调整收入分配，缩小城乡、区域差距，提高居民收入水平。四是提升公共服务均等化水平。通过加大教育、医疗、住房、养老等公共服务投入，提高服务质量和覆盖面，满足人民多层次、多样化的需求。五是促进生态文明建设。体现在强化环境保护和资源节约利用，提升生态环境质量，保障人民群众生态福祉。六是完善社会治理体系，即加强和创新社会治理，构建共建共治共享的社会格局，保障人民安居乐业。七是推动区域协调发展，即加强城乡一体化建设，促进各类要素资源合理流动和优化配置，打破地域壁垒，实现全省协同发展。八是强化人才支撑，即加大人才培养和引进力度，发挥人才在创新驱动和高质量发展中的关键作用。九是提升文化软实力，弘扬浙江优秀传统文化，推动文化创新发展，提升人民群众精神风貌。十是扩大对外开放，即积极参与全球经济合作，拓展国际市场，提高浙江在全球产业链、价值链中的地位。

十项措施将有力保障浙江省在高质量发展的道路上不断前进，为全国推进共同富裕提供省域范例。

参考文献

1.《马克思恩格斯选集》（第1—4卷），人民出版社1995年版。

2.《马克思恩格斯全集》（第3卷），人民出版社2002年版。

3.《马克思恩格斯全集》（第21卷），人民出版社1972年版。

4.《马克思恩格斯全集》（第44卷），人民出版社2001年版。

5.《马克思恩格斯全集》（第46卷下），人民出版社1972年版。

6.《马克思恩格斯文集》（第1—8卷），人民出版社2009年版。

7.《列宁选集》（第1卷），人民出版社1995年版。

8.《列宁全集》（第1卷），人民出版社1984年版。

9.《列宁全集》（第7卷），人民出版社2013年版。

10.《列宁全集》（第35卷），人民出版社2017年版。

11.《斯大林选集》（下），人民出版社1979年版。

12.《毛泽东选集》（第1—5卷），人民出版社1991年版。

13.《毛泽东文集》（第1卷），人民出版社1993年版。

14.《毛泽东文集》（第3卷），人民出版社1996年版。

15.《毛泽东文集》（第6、7、8卷），人民出版社1999年版。

16.《毛泽东年谱（1949—1976）》（第5卷），中央文献出版社2013年版。

17.《建国以来毛泽东文稿》（第4、5册），中央文献出版社1990年版。

18.《建国以来毛泽东文稿》（第6册），中央文献出版社1992年版。

19.《毛泽东著作选读》（下），人民出版社1986年版。

20.《邓小平文选》（第1、2卷），人民出版社1994年版。

21.《邓小平文选》（第3卷），人民出版社1993年版。

22.《江泽民文选》（第1—3卷），人民出版社2006年版。

23.《江泽民论中国特色社会主义（专题摘编）》，中央文献出版社2002年版。

24.《胡锦涛文选》（第1—3卷），人民出版社2016年版。

25.《习近平谈治国理政》（第一卷），外文出版社2018年版。

26.《习近平谈治国理政》（第二卷），外文出版社2017年版。

27.《习近平谈治国理政》（第三卷），外文出版社2020年版。

28.《习近平谈治国理政》（第四卷），外文出版社 2022 年版。

29.《习近平著作选读》（第一卷），人民出版社 2023 年版。

30.《习近平著作选读》（第二卷），人民出版社 2023 年版。

31.《习近平关于全面建成小康社会论述摘编》，中央文献出版社 2016 年版。

32.《习近平关于社会主义精神文明建设论述摘编》，中央文献出版社 2022 年版。

33.《建国以来重要文献选编》（第 4 册），中央文献出版社 1993 年版。

34.《建国以来重要文献选编》（第 15 册），中央文献出版社 1997 年版。

35.《十四大以来重要文献选编》（中），人民出版社 1997 年版。

36.《十五大以来重要文献选编》（中），人民出版社 2001 年版。

37.《十七大以来重要文献选编》（上），中央文献出版社 2011 年版。

38.《中国共产党第十九届中央委员会第五次全体会议文件汇编》，人民出版社 2020 年版。

39.《中国农业合作化运动史料》（下册），生活·读书·新知三联书店 1962 年版。

40.汪海波：《新中国工业经济史》，经济管理出版社 1994 年版。

41.董辅礽主编：《中华人民共和国经济史》，经济科学出版社 1999 年版。

42.陈佳贵等：《中国工业化与工业现代化问题研究》，经济管理出版社 2009 年版。

43.陈映：《论共同富裕与区域经济非均衡协调发展》，人民出版社 2011 年版。

44.高培勇主编：《收入分配：经济学界如是说》，经济科学出版社 2002 年版。

45.王琳：《中国特色社会主义共同富裕研究》，天津人民出版社 2016 年版。

46.王延中主编：《中国社会保障收入再分配状况调查》，社会科学文献出版社 2013 年版。

47.武力主编：《中华人民共和国经济史》（上、下），中国时代经济出版社 2010 年版。

48.余斌、陈昌盛编著：《国民收入分配与出路》，中国发展出版社 2011 年版。

49.习近平：《扎实推动共同富裕》，《求是》2021 年第 20 期。

50.程平：《"大同""小康"与全面建设小康社会——"小康"思想探源及其当代意蕴》，《合肥学院学报》（社会科学版）2015 年第 2 期。

51.龚云：《论晚年毛泽东对共同富裕道路的探索》，《福建党史月刊》2003 年第 6 期。

52.胡可：《欧文空想社会主义的思想渊源》，《苏州大学学报》（哲学社会科学版）1986 年第 3 期。

53.刘先春、宋立文：《马克思主义共同富裕思想的历史发展研究》，《郑州轻工业学院学报》（社会科学版）2010 年第 1 期。

54.马纯红：《毛泽东共同富裕思想的渊源及其实践探索》，《毛泽东研究》2016 年第 4 期。

55.马峰：《美国社会不平等现状分析与发展趋势探究》，《马克思主义研究》2022 年第 9 期。

56.倪新兵、宋学义：《试论马克思分工理论对斯密分工理论的超越——基于共同富裕的视角》，《宁夏社会科学》2022 年第 3 期。

57.裴艳：《中国历史上的大同思想》，东北财经大学硕士学位论文，2004 年，第 3 页。

58.邱海平：《马克思主义关于共同富裕的理论及其现实意义》，《思想理论教育导刊》2016 年第 7 期。

59.任俊华：《儒家大同、小康思想与〈周易〉的渊源关系》，

《岭南学刊》2001 年第 2 期。

60.任希贵：《毛泽东对带领农民走共同富裕道路的探索》，《龙江党史》1994 年第 6 期。

61.汤玉奇：《关于圣西门的空想社会主义》，《世界历史》1982 年第 2 期。

62.田玉松、苏永明：《试论中国的"大同思想"》，《科社研究》1983 年第 5 期。

63.王兰坤：《从传统小康社会思想到全面建设小康社会理论》，《学习论坛》2003 年第 5 期。

64.肖经建：《美国收入不平等的现状、趋势与对策》，《清华金融评论》2023 年第 3 期。

65.伊承哲：《圣西门——杰出的空想社会主义思想家》，《陕西师范大学学报》（哲学社会科学版）1980 年第 4 期。

66.赵曜：《小康社会思想的形成与发展》，《红旗文稿》2010 年第 11 期。

67.张美云：《共同富裕：英国空想社会主义者的历史贡献和时代局限》，《改革与战略》2022 年第 1 期。

68.赵学清：《社会主义初级阶段财富分配的规范性分析——基于马克思共同富裕思想的视角》，《毛泽东邓小平理论研究》2014 年第 12 期。

——— "新时代新思想标识性概念" 丛书 ———

第一辑

《坚定"四个自信"》

《"五位一体"总体布局》

《"四个全面"战略布局》

《新发展理念》

《新常态和供给侧结构性改革》

《总体国家安全观》

《"一带一路"倡议》

《国家治理体系和治理能力现代化》

第二辑

《中国特色社会主义新时代》

《做到"两个维护"》

《脱贫攻坚》

《全面建成小康社会》

《社会主义核心价值观》

《现代化经济体系》

第三辑

《增强"四个意识"》

《坚持党的领导》

《新时代党的自我革命》

《新发展格局》

《百年未有之大变局》

《正确义利观》

《中国特色社会主义乡村振兴道路》

——— "新时代新思想标识性概念" 丛书 ———

第四辑

《坚定历史自信》

《牢记"三个务必"》

《中国式现代化》

《伟大社会革命》

《铸牢中国民族共同体意识》

《弘扬全人类共同价值》

《走向共同富裕》